2• Rome à la fin de la République

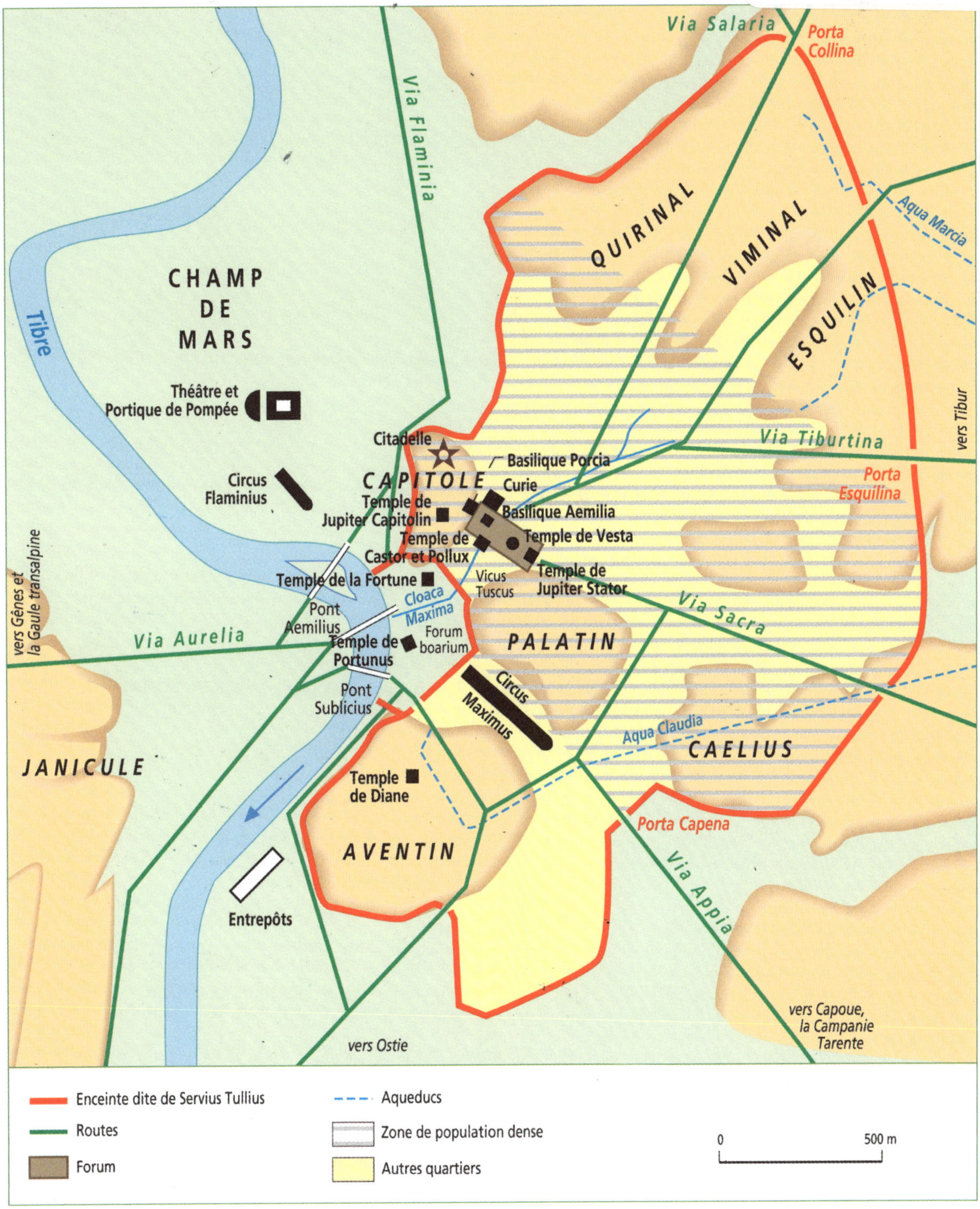

Sommaire

Sommaire

Fresque illustrant la manière dont a été construite Rome.
Art romain (Ier s. av. J.-C.)
Metropolitan Museum of Art, New York.

Séquence 1
Vivre à Rome

Combien de bâtiments différents peut-on repérer sur cette fresque ? Comment sont-ils disposés les uns par rapport aux autres ?
Quelle influence cette disposition peut-elle avoir sur la vie quotidienne des Romains ?

Les rues de Rome

Objectifs

- **lecture : lire un poème**
- **langue : réviser les cas et les fonctions, les 1re et 2e déclinaisons**
  distinguer la coordination par ET, OU, NI
- **civilisation : découvrir la ville de Rome**

Lecture

Une vaste boutique

Voici le cri de soulagement d'un habitant de Rome du premier siècle de notre ère : il remercie l'empereur Domitien d'avoir « libéré » la Ville.

Abstulerat totam temerarius institor urbem
inque suo nullum limine limen erat.
Jussisti tenues, Germanice, crescere vicos,
et modo quae fuerat semita, facta via est.
Nulla catenatis pila est praecincta lagonis
nec praetor medio cogitur ire luto,
stringitur in densa nec caeca novacula turba
occupat aut totas nigra popina vias.
Tonsor, copo, cocus, lanius sua limina servant.
Nunc Roma est, nuper magna taberna fuit.

Martial (40-104 ap. J.-C.), *Épigrammes*, VII, 61

Le boutiquier, sans réfléchir, avait confisqué la ville tout entière ; quant à son pas de porte, il avait disparu[1]. Tu as ordonné, Germanicus[2], que les rues étroites s'élargissent, et ce qui n'avait été qu'un sentier est devenu route. Il n'y a plus de colonnes entourées de bouteilles enchaînées[3], et le préteur[4] n'est plus forcé d'avancer au milieu de la boue ; le rasoir n'est plus sorti à l'aveuglette au milieu d'une foule compacte et la sombre taverne n'occupe plus des rues entières. Le barbier, le cabaretier, le cuisinier et le boucher se limitent à leur seuil. Maintenant Rome existe ; il y a peu, c'était une vaste boutique.

Une marchande de vin. Bas-relief (IIe-IIIe s.).
Musée archéologique de Dijon.

Notes

1. les commerçants romains avaient l'habitude d'étaler leurs marchandises au-delà du seuil de leur boutique, envahissant la chaussée tout entière. Ils faisaient donc comme si le pas de leur porte avait disparu

2. Germanicus était le surnom donné à l'empereur Domitien après ses victoires contre les Germains. Il régna de 81 à 96

3. les marchands de vin enchaînaient leurs bouteilles aux colonnes des portiques (sortes de galeries marchandes) pour éviter qu'on ne les leur vole

4. élu pour un an, le préteur était le magistrat qui s'occupait des affaires de justice

Lire le texte

1 Observe la mise en page du texte latin.

a) Qu'en déduis-tu sur le genre du texte ? Justifie ta réponse.

b) Les vers sont-ils tous présentés de la même façon ?

c) Observe la ponctuation : en général, où trouve-t-on les points ? Que peux-tu en déduire ?

2 **a)** Quelle profession est mise en cause dans ce poème ? Relève le champ lexical correspondant en latin et en français.

b) Classe les mots que tu auras trouvés selon leur déclinaison en t'aidant du lexique page 192 et des tableaux de déclinaisons page 198.

3 Qu'as-tu appris sur les rues de Rome ? Cela correspond-il à l'idée que tu t'en faisais ?

Une boulangerie. Fresque de Pompéi (69-79 ap. J.-C.). Musée national de Naples.

Étymo logie

LES TROUVAILLES D'ETYMON

80 % du français vient du latin. Mais pourquoi certains mots français ressemblent-ils beaucoup au latin et d'autres pas ? Prenons **via** : s'il est à l'origine du mot *viaduc*, comment comprendre qu'il a également donné, grâce à un petit suffixe volé au mot *filou*, le *voyou* qui hante nos rues ?

Tout s'explique si l'on sait que certains mots sont issus du latin parlé, et souvent mal prononcé, par les peuples venus s'installer en Gaule. C'est ce latin « baragouiné » qui est devenu peu à peu du français. C'est pourquoi l'on passe de **via** à *voie*. On parle alors de formation populaire. D'autres mots, en revanche, ont été inventés de toutes pièces, bien plus tard, à partir de radicaux latins. Ces radicaux se retrouvent donc intacts dans les mots français. On dit que ces mots sont de formation savante.

LES DEVINETTES D'ETYMON

1 **a)** Tu as rencontré dans le poème de Martial les mots **via**, **urbs**, **vicus** et **turba**. Que signifient-ils ?

b) Repère dans ces phrases les mots qui ont pour étymologie l'un de ces quatre mots latins :

- *La météo annonce pour demain l'arrivée d'une grosse perturbation sur l'ensemble de la France.*
- *Le chien traversait la voie ferrée quand un train surgit : cela lui fut fatal.*
- *Pour être tranquille, Robert a suspendu à sa porte une pancarte où il est écrit : « Do not disturb ».*
- *Il a trouvé ces magnifiques fleurs au bord d'un petit chemin vicinal.*

Cas et fonctions

Cas latins	*Fonctions françaises*	
Nominatif	sujet ou attribut du sujet	***La ville*** *est grande.*
Vocatif	apostrophe	***Ô ville****, tu es belle.*
Accusatif	C.O.D./groupe prépositionnel	*Je vois* ***la ville.***
Génitif	Complément du nom	*Les bruits* ***de la ville.***
Datif	C.O.I. ou C.O.S.	*Il donne son nom* ***à la ville.***
Ablatif	C. circonstanciel/groupe prépositionnel	*Il se promène* ***dans la ville.***

1re et 2e déclinaisons

Le **génitif** indique à quelle déclinaison appartient un mot :
-ae : première **-i : deuxième** **-is : troisième**

	1re déclinaison		2e déclinaison masculin		2e déclinaison neutre
	la route		*le maître*	*le champ*	*le temple*
Singulier					
N.	via	N.	dominus	ager	templum
V.	via	V.	domine	ager	templum
Ac.	viam	Ac.	dominum	agrum	templum
G.	viae	G.	domini	agri	templi
D.	viae	D.	domino	agro	templo
Ab.	via	Ab.	domino	agro	templo
Pluriel					
N.	viae	N.	domini	agri	templa
V.	viae	V.	domini	agri	templa
Ac.	vias	Ac.	dominos	agros	templa
G.	viarum	G.	dominorum	agrorum	templorum
D.	viis	D.	dominis	agris	templis
Ab.	viis	Ab.	dominis	agris	templis

La coordination par ET, OU, NI

cocus **et** lanius cocus lanius**que**	cocus **aut** lanius	**nec** cocus **nec** lanius
le cuisinier ***et*** *le boucher*	*le cuisinier* ***ou*** *le boucher*	***ni*** *le cuisinier* ***ni*** *le boucher*

1 Cherche le génitif des mots de chaque liste dans le lexique et indique à quelle déclinaison ils appartiennent.

1. ager – campus – forum – urbs – oppidum – locus – civitas – silva – hortus – spatium – mare – terra – regio – unda
2. pater – familia – mater – filius – soror – servus – frater – juvenis – parens – adulescens – conjux – liberi – puer – puella – uxor – vir

2 a) Retrouve dans ta mémoire (ou dans le lexique) le sens des mots suivants.
b) Décline un mot de chaque déclinaison.

1. puella – 2. servus – 3. vinum – 4. amicus – 5. silva – 6. donum – 7. umbra – 8. locus

3 Dis à quel cas sont les mots soulignés et traduis ces phrases.

1. Amicis pecuniam dat.
2. Domini divitias servus servat.
3. Auri copia in templo est.
4. Virorum industria magna est.
5. Turba vias occupat.
6. Dominus servo donum dat.

4 a) Remplace le mot en gras par celui qui est entre parenthèses, en le mettant au même cas.
b) Transpose au pluriel les mots que tu viens d'employer, en gardant le même cas.

1. Do **pecuniam**. (donum, i, n.)
2. **Silvae** umbra. (locus, i, m.)
3. Ambulo in **via**. (vicus, i, m.)
4. **Auri** copia. (vinum, i, n.)
5. Vicinorum **terra**. (ager, agri, m.)
6. Ambulo cum **puero**. (puella, ae, f.)

5 Chasse l'intrus dans chacune de ces séries.

1. copia – dona – turba – pecunia
2. puerum – aurum – negotium – vinum
3. copias – silvas – das – divitias
4. auro – filio – vino – ambulo

6 Embouteillage à Rome !
Traduis ce texte inspiré de celui de Martial.

Romae vici angusti *(étroit)* sunt, quod *(parce que)* tabernae aut popinae totas vias occupant. At *(mais)* Germanicus jussit *(a ordonné)* crescere vicos ; nunc coci laniique limina *(seuils)* servant nec Roma magna taberna est.

Vocabulaire à retenir

Noms

aurum, i, n. : ***l'or***
copia, ae, f. : ***une grande quantité, l'abondance***
divitiae, arum, f. pl. : ***les richesses***
industria, ae, f. : ***l'activité***
negotium, ii, n. : ***l'affaire***
pecunia, ae, f. : ***l'argent***
turba, ae, f. : ***la foule***
vicinus, i, m. : ***le voisin***
vicus, i, m. : ***la rue, le quartier***
urbs, urbis, f. : ***la ville***

Verbes

ambulo, as, are, avi, atum : ***se promener***
do, das, dare, dedi, datum : ***donner***
servo, as, are, avi, atum : ***protéger, conserver***

Mots invariables

aut : ***ou***
in + Ab. : ***dans***
nec/neque : ***et ... ne ... pas, ni***
nunc : ***maintenant***
cum + Ab. : ***avec***

Civilisation

Découvrir

Dans l'intimité des rues

Chaque quartier de Rome s'organisait autour d'une unique rue : le vicus. *De part et d'autre de cette voie d'accès se développait tout un monde...*

On ne trouve les commerces que dans la rue principale, en effet le reste du quartier est un réseau inextricable de ruelles, venelles, passages couverts, culs-de-sac, impasses et escaliers où l'étranger se perd immédiatement. Bientôt l'on ne sait plus si l'on est encore dans la rue où le foulon* a mis sa lessive à sécher, ou déjà dans la cour de son atelier. D'un jour à l'autre, quelqu'un peut barrer ce que l'on croyait un passage public en y construisant une maison. (...) Un large escalier s'arrête soudain sur une terrasse, occupée par un fourneau portatif, du linge qui sèche, un jardin miniature. Une rampe, qui s'était rétrécie de façon inquiétante, s'enfonce entre deux maisons, une porte ouverte et soudain une petite place inondée de soleil, la chapelle délabrée d'un dieu rustique dont on déchiffre à peine le nom indigène presque oublié, un jardin abandonné où fructifie somptueusement un énorme figuier, une famille de chiffonniers syriens campe là avec sa nombreuse marmaille en longues robes colorées.

F. Dupont, *Le Citoyen romain sous la République*,
© Hachette, 1989, 1994

Note

* Ouvrier qui effectue l'opération du foulage du drap, du feutre.

Questions

1 À ton avis, aurait-on pu établir facilement le plan d'un quartier de Rome ? Justifie ta réponse en relevant des éléments du texte.

2 Quelles sortes de surprises le visiteur éventuel pouvait-il découvrir au cours de sa promenade ?

Relief de la ville d'Avezzano (≈ IIIe s.).

Lire l'image

1 S'agit-il d'une représentation de la ville de Rome ?

2 Que voit-on au premier plan ?

3 Quelle information sur les maisons t'apporte ce bas-relief ? Sur l'organisation de la ville ?

4 Repère un temple et un portique.

5 Compare ce plan en relief avec la description que tu viens de lire. Quelles sont les différences ?

Une ville fragilisée

Dès le IVe siècle avant J.-C., Rome est déjà une très grosse ville. Grâce à ses conquêtes, l'Urbs ne cesse de se développer et compte au Ier siècle de notre ère un million de personnes.

Un site idéal ?

● Pour les Romains, Romulus n'aurait pu choisir meilleur endroit : « des collines où l'air est excellent, un fleuve qui se prête si bien au transport des denrées de l'intérieur ; la proximité de la mer, précieux avantage pour le commerce sans l'inconvénient des attaques par mer ; une position au centre de l'Italie… » (Tite-Live, *Histoire romaine* , V, 54), que demander de mieux ?

● Pourtant l'endroit n'est pas sans défauts. En effet, l'eau a tendance à stagner au pied des sept collines. Très tôt, les Romains essayent d'assainir la ville basse en creusant des égouts dont le plus célèbre, la **cloaca maxima**, traverse le forum à ciel ouvert. Mais le problème persiste, si bien qu'en été, la chaleur mêlée à l'humidité favorise l'apparition de maladies comme la malaria. À ces problèmes sanitaires s'ajoutent les crues du Tibre, qui inonde régulièrement les bas quartiers, et même les tremblements de terre qui, deux fois par siècle, frappent la cité.

Une ville bâtie au hasard

● Les villes fondées par les Romains respectent un plan régulier calqué sur celui des camps militaires et des villes d'inspiration grecque : toutes les rues se coupent à angle droit et délimitent ainsi des pâtés de maisons rectangulaires.

● Mais il n'en est pas de même à Rome qui n'est qu'un enchevêtrement confus d'**insulae** (*immeubles*), de **domus**, de temples et de rues étroites représentant un dédale d'environ 90 km de long.

● Ce désordre, les Romains en rendent responsables les Gaulois qui ont incendié Rome en 390 av. J.-C. : pour effacer ce drame, les Romains s'étaient en effet hâtés de tout reconstruire en moins d'un an, sans respecter aucun plan.

Une cité en perpétuel devenir

● En fait, Rome est une ville que l'on reconstruisait en permanence : si elle subit régulièrement des tremblements de terre et des inondations, elle est aussi victime du feu qui ravage les quartiers les plus peuplés. De plus, à partir du IIe siècle av. J.-C., de grands travaux sont entrepris, grâce à l'argent des conquêtes, pour embellir la ville : les temples sont recouverts de marbres, trois basiliques sont construites autour du forum, et le premier théâtre en pierre est érigé.

Maquette représentant des immeubles (**insulae**) composés d'appartements identiques.

2 Une ville d'eau

Objectifs

- **lecture : lire une lettre narrative**
- **langue : reconnaître les 5 conjugaisons, réviser l'indicatif présent, distinguer les désinences actives et passives**
- **civilisation : comprendre l'importance de l'eau à Rome**

Lecture

Les joies du bain

Habiter en ville procurait des avantages : l'accès aux bains publics était l'un d'entre eux. Mais au voisinage des thermes il ne faisait pas forcément bon vivre…

Ecce undique me varius clamor circumsonat : supra ipsum balneum habito. Propone nunc tibi omnia genera vocum, quae in odium possunt aures adducere : cum fortiores exercentur et manus plumbo graves jactant, cum aut laborant aut laborantem imitantur, gemitus audio […] ; cum in aliquem inertem et hac plebeia unctione contentum incidi, audio crepitum inlisae manus umeris […]. **Si vero pilicrepus supervenit et numerare coepit pilas, actum est**. Adice nunc scordalum et furem deprehensum et illum, cui vox sua in balineo placet ; adice nunc eos qui in piscinam cum ingenti impulsae aquae sono saliunt.

Sénèque (v. 2 av. J.-C.-65 ap. J.- C.), *Lettres à Lucilius*, 56, 1-2

Les femmes pouvaient aussi profiter des thermes mais jamais en présence des hommes. Mosaïque romaine (IIIe - IVe s. ap. J.-C.). Villa Piazza Armerina, Sicile.

Voici que résonne autour de moi une clameur dissonante : j'habite juste au-dessus d'un établissement de bains. Imagine-toi maintenant les cris de toutes sortes qui peuvent exaspérer nos oreilles : quand des baigneurs particulièrement vigoureux s'entraînent et balancent leurs mains chargées d'haltères de plomb, quand ils font des efforts ou imitent celui qui en fait, j'entends leurs gémissements […] ; quand je tombe sur un individu inactif et qui se satisfait d'un massage ordinaire, j'entends le claquement de la main qu'on abat sur ses épaules […]. Ajoute à présent le querelleur, le voleur pris sur le fait et l'homme qui apprécie sa voix dans le bain ; ajoute enfin ceux qui sautent dans la piscine en produisant d'énormes claquements d'eau.

Aide à la traduction

vero : *c'est sûr*
pilicrepus, i, m. : *joueur de balle*
supervenio : **pervenio**
coepit : traduire par *commence*
pila, ae, f. : *la balle* ; traduire ici par *le point*
actum est : *c'en est fait !*

Lire le texte

1 À quel genre de texte as-tu affaire ? Quels indices te le prouvent ?

2 En habitant au-dessus des thermes, à quelle nuisance Sénèque est-il exposé ? Relève le champ lexical qui lui correspond en latin et en français.

3 Observe la traduction qui t'est proposée : à quel temps sont les verbes conjugués ? En t'aidant des notes, traduis, dans le texte latin, la phrase en caractères gras.

4 Quand le client s'était lavé, que pouvait-il faire aux thermes ? Relève à chaque fois que c'est possible les verbes conjugués qui correspondent à chaque activité et classe-les selon tes propres critères.

Reconstitution de thermes romaines à Bath, en Grande-Bretagne.

Étymo logie

LES TROUVAILLES D'ETYMON

Savais-tu que l'on avait soumis certains mots à une sorte de chirurgie esthétique ? Ainsi, au Moyen Âge, on écrivait sans complexe **suen** et **vois** quand on décida soudain de redonner à ces deux petits vilains un peu de l'éclat de leurs illustres ancêtres **sonus** et **vox.** On modifia donc leur orthographe de sorte que le **suen** devint *son* et la **vois** *voix* ! Mais ce traitement reste rare : ainsi rien ne fut fait pour *avouer* ni pour *voyelle*, qui proviennent respectivement du verbe **advocare** et du nom **vocalis**. Le respect de l'étymologie est d'ailleurs peu répandu : les Anglais n'ont-ils pas transformé notre discret *son* en retentissant **sound** quand ils nous l'ont emprunté ?

LES DEVINETTES D'ETYMON

Le mot *voix* s'emploie en français dans beaucoup d'expressions et de locutions toutes faites. À toi de retrouver certaines d'entre elles à partir des définitions suivantes. Surtout n'hésite pas à utiliser le dictionnaire !

a) *ne plus pouvoir s'exprimer sous l'effet de la surprise*
b) *crier*
c) *synonyme de notre petit doigt quand il nous parle*
d) *être dans de bonnes dispositions pour chanter*
e) *voter pour quelqu'un*
f) *se dit de quelqu'un qui fait comme Jeanne d'Arc*
g) *instrument dont on se sert pour se faire entendre*
h) *expression latine composée de* ***vox, populus*** *(peuple) et* ***deus*** *(dieu) et qui exprime l'idée que le plus grand nombre a toujours raison*

Les 5 conjugaisons

• Les 3 premières formes des temps primitifs indiquent le radical du présent. On distingue 5 conjugaisons :

conjugaison	radical	exemple
1re	en **-a** long	**amo, as, are**, avi, atum : *aimer*
2e	en **-e** long	**moneo, es, ere**, monui, monitum : *avertir*
3e	en consonne + voyelle de liaison **e/i/u**	**duco, is, ere**, duxi, ductum : *conduire*
3e mixte	en **-i** bref	**capio, is, ere**, cepi, captum : *prendre*
4e	en **-i** long	**audio, is, ire**, ivi, itum : *entendre*

L'indicatif présent et l'infinitif présent

		1re	**2e**	**3e**	**3e mixte**	**4e**
Indicatif	1re pers.	amo	moneo	duco	capio	audio
	2e pers.	amas	mones	ducis	capis	audis
	3e pers.	amat	monet	ducit	capit	audit
	1re pers.	amamus	monemus	ducimus	capimus	audimus
	2e pers.	amatis	monetis	ducitis	capitis	auditis
	3e pers.	amant	monent	ducunt	capiunt	audiunt
Infinitif		amare	monere	ducere	capere	audire

• **Esse** : sum es est sumus estis sunt
(être)

• **Posse** : **possum** **potes** **potest** **possumus** **potestis** **possunt**
(pouvoir)

Remarque : on trouve **pos-** devant une consonne et **pot-** devant une voyelle. L'infinitif **posse** est irrégulier.

Les désinences verbales actives et passives

• Actif : -o -s -t -mus -tis -nt
• Passif : -(o)r -ris -tur -mur -mini -ntur

Les désinences actives ou passives s'ajoutent au radical, comme tu peux le voir dans les tableaux de conjugaisons page 203 à 206.

Remarque : la voyelle **-i** bref du radical se modifie en **e** devant **r** :
- capi-s : *tu prends* cap**e**-ris : *tu es pris* cap**e**-re : *prendre*

À l'inverse, le **-i** long ne se modifie pas :
- aud**i**-s : *tu entends* aud**i**-ris : *tu es entendu* aud**i**-re : *entendre*

1 a) Cherche les trois premières formes des temps primitifs et le sens des verbes suivants.
b) Indique leur modèle de conjugaison et entraîne-toi à les conjuguer au présent de l'indicatif.

1. exerceo – 2. facio – 3. habeo – 4. habito – 5. jacto – 6. laboro – 7. mitto – 8. numero – 9. pervenio – 10. placeo – 11. salio

2 Traduis ces expressions et inventes-en d'autres sur le même modèle.

1. « Laboras ? » – « Laboro ». Laborat.
2. « Ducitis ? » – « Ducimus ». Ducunt.
3. « Pervenis ? » – « Pervenio ». Pervenit.
4. « Capitis ? » – « Capimus ». Capiunt.

3 Toutes les voyelles qui précèdent les désinences ont disparu. Rétablis-les !

1. duc_nt - 2. labor_s - 3. cap_s - 4. plac_t - 5. fac_o - 6. habit_t
7. d_mus - 8. perven_tis - 9. exerc_mus - 10. aud_unt

4 Relie les formes verbales à leur traduction.

ducitis •	• conduire
ducimur •	• vous conduisez
ducere •	• tu conduis
ducimini •	• ils sont conduits
ducit •	• nous sommes conduits
ducis •	• il conduit
ducuntur •	• vous êtes conduits

5 Transpose ces verbes au passif et traduis la forme obtenue.

1. amat – 2. duco – 3. exerces – 4. capis – 5. ducunt – 6. numerat – 7. monetis – 8. mittimus – 9. audis – 10. jactant

6 QUE DE BRUITS !
Traduis ce texte inspiré de Sénèque.

Seneca habitat supra balneum : audit omnia genera *(tous les genres)* vocum. Cum fortiores *(les champions)* exercentur et manus plumbo graves *(alourdies)* jactant *(lancent)*, cum laborant, gemitus *(les gémissements)* audit. Potest audire viros qui pilas *(les balles)* numerant aut qui in piscinam cum ingenti *(énorme)* aquae sono saliunt.

Vocabulaire à retenir

Verbes

exerceo, es, ere, cui, itum : ***exercer***
facio, is, ere, feci, factum : ***faire***
habeo, es, ere, ui, itum : ***avoir***
laboro, as, are, avi, atum : ***travailler, peiner***
mitto, is, ere, misi, missum : ***envoyer***
numero, as, are, avi, atum : ***compter***
pervenio, is, ire, veni, ventum : ***arriver***
placeo, es, ere, placui, placitum : ***plaire***
salio, is, ire, salui, saltum : ***sauter***

Noms

aqua, ae, f. : ***l'eau***
clamor, oris, m. : ***le cri***
vox, vocis, f. : ***la voix***

Mots invariables

cum (+ ind.) : ***quand, lorsque***
in (+ Ac.) : ***dans (avec mouvement)***

Civilisation

Découvrir

Détente aux thermes

Gordien est une sorte de détective privé. Préoccupé par l'enquête dangereuse qu'on lui a confiée, il s'en va flâner dans les rues de Rome. Vers le soir, ses pas le conduisent aux portes d'un établissement de bains.

« On a bien travaillé aujourd'hui, remarqua le jeune homme qui me débarrassa de mes vêtements. Il n'y a presque pas eu de clients ces derniers jours, il faisait trop chaud. Prends ton temps. On va rester ouvert tard ce soir. »
Il revint avec une serviette. Je la pris et lui dis quelques mots pour détourner son attention tandis que je l'enroulais autour de mon bras gauche, en m'assurant qu'elle cachait mon couteau. Je n'avais aucune intention de me trouver sans armes quand je serais nu. J'entrai dans l'étuve, il claqua la porte derrière moi. [...]
Il faisait sombre dans la salle et une vapeur dense montait de l'eau si bien qu'on distinguait à peine la vingtaine d'hommes qui se prélassaient autour du bassin. Ils étaient tous pareils à des ombres. Je m'enfonçai dans l'eau, petit à petit, car elle était très chaude, jusqu'à ce que les vagues viennent effleurer ma gorge. Autour de moi les hommes gémissaient comme s'ils souffraient ou étaient en transe.

Steven Saylor, *Du sang sur Rome*,

Questions

1 Relève les éléments du texte qui prouvent que les thermes sont un lieu de détente.

2 Quelles sont les expressions qui contribuent à créer une atmosphère inquiétante ?

3 Quels renseignements t'apporte ce texte sur le fonctionnement des thermes ?

Thermes de Caracalla

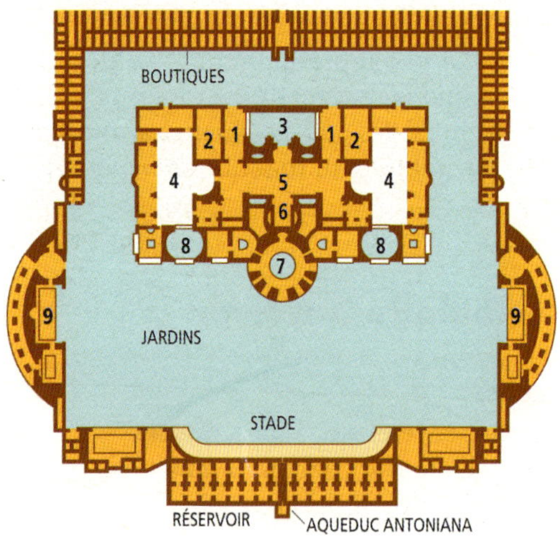

1 : ENTRÉES
2 : APODYTARIUM (vestiaire)
3 : NATATIO (piscine)
4 : PALESTRE (cour d'entraînement)
5 : FRIGIDARIUM (bain froid)
6 : TEPIDARIUM (bain tiède)
7 : CALDARIUM (bain chaud)
8 : LACONICUM (sauna)
9 : BIBLIOTHÈQUE

Lire un plan

Observe le plan des thermes de Caracalla.

1 Repère sur ce plan les endroits où auraient pu se trouver les personnages décrits par Sénèque. Fais de même avec le texte ci-dessus.

2 Quelles nouvelles informations t'apporte ce plan ?

Dompter l'eau vive

À Rome l'eau est partout : sous l'Empire, la Ville dispose de plus d'un millier de fontaines publiques et d'établissements de bains, sans compter les 11 grands thermes qu'aménagèrent les Empereurs.

L'eau et les Romains

- Pour satisfaire leurs besoins, les premiers Romains utilisent les eaux du Tibre et des sources qui jaillissent aux alentours. Les plus riches disposent même dans leur **domus** de citernes souterraines dans lesquelles ils stockent l'eau de pluie.

- Mais très vite la Ville grandit et les besoins en eau augmentent d'autant : tous les habitants doivent pouvoir accéder à un point d'eau proche, y compris dans les quartiers populeux où s'entassent des milliers de personnes. Il faut donc acheminer le précieux liquide jusqu'à Rome grâce à des canaux longs parfois de plusieurs dizaines de kilomètres : les **aqueducs**. Le premier d'entre eux est construit en 312 av. J.-C. et Rome en compte 11 au IIIe siècle de notre ère.

Le pont du Gard, près de Nîmes, représente le vestige le plus célèbre des aqueducs romains.

Des techniciens hors pair

- Les Romains eux-mêmes considèrent les aqueducs comme l'un des symboles de la grandeur de leur empire. Il faut dire qu'ils ne ménagent pas leur peine : rien n'arrête leurs aqueducs, ni les vallées qu'ils enjambent sur d'immenses arcades, ni les hauteurs qu'ils traversent de manière souterraine.

- Une fois en ville, l'eau est recueillie dans des châteaux d'eau et distribuée dans chaque quartier grâce à un réseau de canalisations en plomb qui court sous les rues. Les Romains réussissent même à maintenir dans leur réseau assez de pression pour créer des jets d'eau et alimenter le sommet des sept collines.

De l'eau pour tous ?

- Toute cette eau est destinée à un usage public. Elle approvisionne les fontaines, les toilettes publiques et les thermes. Elle sert aussi à lutter contre les incendies et à balayer un peu, grâce au trop-plein qui s'échappe des fontaines, les divers immondices qui jonchent les rues d'une ville connue pour sa puanteur.

- Les besoins privés sont tout aussi importants. Non seulement chacun désire avoir de l'eau à domicile, mais un certain nombre de professions ne peuvent s'en passer (foulons, tanneurs, teinturiers, potiers…). Or, pour capter de l'eau sur le réseau public, il faut payer, si bien que les gens se mettent à détourner l'eau en perçant à tout va les canalisations. La fraude est si importante qu'il arrive qu'une fontaine ne soit plus alimentée que par un mince filet d'eau !

Les jardins de la villa Hadriana à Tibur, édifiée en l'honneur de l'empereur Hadrien (76-138 ap. J.-C.) étaient dotés de bassins, signe d'une grande richesse.

Bilan de la séquence 1

Étymologie

❶ Classe les mots suivants en fonction de leur étymologie : ont-ils pour origine les mots **via**, **turba** ou **urbs** ?
Attention, il y a plusieurs intrus : à toi de les retrouver !

N'oublie pas de vérifier tes réponses en consultant le dictionnaire !

urbain – viaduc – turbine – voyou – urbanité – dévier – envoyer – imperturbablement – voyage – urbanisme – voyelle – turbot – dévoyer – perturbateur – tourbe – convoyer – perturber – voyant – interurbain – turbulent – trivial – troubler – turban

❷ Au chapitre 2, Étymon t'a parlé de **vox** et de **sonus.** Ils sont à l'origine de nombreux mots. Complète les phrases suivantes à l'aide de certains d'entre eux.

a. Ma grand-mère n'entend jamais la … du téléphone.
b. Pour exercer sa voix, un chanteur doit faire des …
c. Farida a peur, car elle est … dans le bureau du Principal.
d. Dans l'alphabet, il y a beaucoup plus de consonnes que de …
e. Je veux être médecin depuis tout petit : c'est ma … !

Langue

VRAI OU FAUX ?
Si tu coches « faux », rétablis la vérité !

	V	F
• On connaît la fonction d'un mot latin par sa place dans la phrase.		
• Le latin possède deux genres : masculin et féminin.		
• Le génitif singulier d'un mot permet de connaître sa déclinaison.		
• L'accusatif singulier se caractérise par un **m**.		
• Le vocatif est le cas du complément du nom.		
• Les noms neutres ont un nominatif, vocatif, accusatif identiques.		
• Toutes les finales en –a sont des nominatifs féminins singuliers.		

Civilisation

Observe attentivement ce bas-relief qui ornait le tombeau de Quintus Haterius Tychicus.

a. À quoi peut servir l'engin représenté ? Comment fonctionne-t-il ?
b. Sur le bâtiment qui occupe le centre du bas-relief, repère les éléments dont tu connais le nom : de quel type de bâtiment s'agit-il ?
c. Sachant qu'un tombeau doit refléter la vie du défunt, quelle était la profession de Haterius ? Était-il riche ou pauvre ?

Bas-relief ornant le tombeau de la famille des Haterii. Musée Gregoriano Profano, Vatican.

Scène de vote.
Monnaie romaine (63 av. J.-C.).
Bibliothèque nationale de France, Paris.

Séquence 2
Être citoyen à Rome

Décris ce que tu vois sur cette pièce de monnaie ?
Comment est habillé le personnage représenté ?
Quel acte de la vie politique semble-t-il accomplir ?

LONGIN·III

3 Des citoyens en lutte

Objectifs

- lecture : lire un récit historique
- langue : réviser la 3e déclinaison
- civilisation : découvrir la vie politique à Rome

Lecture

Un fin politique

En empêchant les Gaulois de s'emparer du Capitole (390 av. J.-C.), Marcus Manlius a reçu le surnom de « Capitolinus ». Fier de cet exploit, il considère qu'on ne lui a pas donné la place qu'il mérite au sénat, l'assemblée des patriciens[1].

Non enim jam orationes modo M. Manlii, sed facta, popularia in speciem, tumultuosa eadem, qua mente fierent intuenda erant. Centurionem, nobilem militaribus factis, judicatum pecuniae cum duci vidisset, medio foro cum caterva sua accurrit, et manum injecit ; vociferatusque de superbia patrum, ac crudelitate feneratum, et miseriis plebis, virtutibus ejus viri fortunaque : « Tum vero ego, inquit, nequiquam hac dextra Capitolium arcemque servaverim, si civem commilitonemque meum tamquam Gallis victoribus captum, in servitutem ac vincula duci videam. » Inde, rem creditori palam populo solvit libraque et aere liberatum emittit, deos atque homines obtestantem, ut M. Manlio, liberatori suo, parenti plebis romanae, gratiam referant.

Des déclarations, Manlius était passé aux actes : en apparence il soignait sa popularité mais il poussait en fait à l'émeute, si l'on tient compte de ses intentions.
Voyant un jour qu'on emmenait un centurion connu pour sa bravoure, condamné pour dettes, il accourut en plein forum avec ses hommes et mit la main sur lui. Ameutant la foule, il dénonça l'orgueil des patriciens, la dureté des créanciers, la misère du peuple, le sort réservé à ce malheureux en dépit de ses exploits. Il ajouta : « C'est en pure perte que ce bras a sauvé le Capitole et la citadelle si je dois voir un citoyen, un de mes compagnons d'armes, réduit à la servitude et aux chaînes, comme s'il avait été prisonnier des Gaulois victorieux. » Puis au vu de tous, il paya la somme que réclamait le créancier et libéra le centurion[2] selon la procédure réglementaire. Celui-ci conjurait les dieux et les hommes de bénir Marcus Manlius, son libérateur et le père de la plèbe romaine.

Tite-Live (59 av. J.-C.-17 ap. J.-C.), *Histoire romaine*, VI, 14
trad. : Annette Flobert, © Flammarion

Procession d'un magistrat. Bas-relief (IIe s.).
Musée de la civilisation romaine. Rome.

Notes

1. nom que portent les nobles romains
2. grade de sous-officier dans l'armée romaine

Lire le texte

1. De quoi le narrateur soupçonne-t-il Manlius ?
2. Manlius sauve le centurion : ce n'est pas sans arrière-pensée. Pourquoi s'intéresse-t-il à cet homme ?
3. Comment Manlius fait-il savoir qu'il aide ce centurion ?
4. Finalement Manlius a-t-il atteint ses objectifs ?
5. D'après cet extrait, quelle est la situation du peuple romain ?
6. À la ligne 8 du texte latin, quel mot désigne le *peuple* ? Quelle est sa fonction en latin et en français ? Reconnais-tu la déclinaison de ce mot ? Trouve à la fin du texte une autre expression où ce mot est employé : comment est-il traduit ?

Assemblée de patriciens. Bas-relief.
Musée Gregoziano profano, Vatican.

Étymo logie

LES TROUVAILLES D'ETYMON

Mens, mentis *(la pensée)*, fait partie d'une noble famille, celle de la racine indo-européenne **men** qui s'occupe uniquement – noblesse oblige ! – des activités de l'esprit. Ainsi, quand il faut de l'imagination pour feindre et pour tromper, on la retrouve à l'œuvre dans le verbe *mentir*. Et quand l'esprit déraille plus ou moins, on l'utilise encore à travers deux mots. L'un est latin : *démence* ; l'autre grec : *manie*.
Mais on a beau être de sang noble, on n'est pas à l'abri des tâches subalternes ! Ainsi, en français, **mens** a été enrôlé comme suffixe (**-ment**) parce qu'il était employé, en latin, dans de nombreuses tournures du type **tranquilla mente** *(avec un esprit tranquille)* et qu'avec le temps, on a fini par l'ajouter mécaniquement à la fin des adjectifs pour former des adverbes.

LES DEVINETTES D'ETYMON

Complète les phrases suivantes en employant des mots qui contiennent la racine **men**.

a) *Rachid est très fort en calcul ….*
b) *Roger ne supporte pas que son stylo soit sans capuchon : c'est dire s'il est ……*
c) *Pour éviter d'être punie, Samia a dû inventer un gros ……*
d) *Plus tard, Simon voudrait …… des matchs de foot à la télévision.*

La 3e déclinaison

- Tous les noms de la 3e déclinaison ont le **génitif singulier** en -is.

1. Les radicaux à consonne

Singulier			Pluriel		
	masc./fém.	**neutre**		**masc./fém.**	**neutre**
	le consul	*le corps*		*le consul*	*le corps*
N.	consul	corpus	N.	consules	corpora
V.	consul	corpus	V.	consules	corpora
Ac.	consulem	corpus	Ac.	consules	corpora
G.	consulis	corporis	G.	consulum	corporum
D.	consuli	corpori	D.	consulibus	corporibus
Ab.	consule	corpore	Ab.	consulibus	corporibus

Remarque : les désinences s'ajoutent à un radical finissant par une consonne. Mais celle-ci n'est pas toujours visible au nominatif. Comment la repérer ? Tout simplement en enlevant la désinence -is du génitif singulier.

- **homo, homin-is** : radical **homin-**
- **miles, milit-is** : radical **milit-**

2. Les radicaux à voyelle « i »

Singulier			Pluriel		
	masc./fém.	**neutre**		**masc./fém.**	**neutre**
	le citoyen	*la mer*		*le citoyen*	*la mer*
N.	civis	mare	N.	cives	maria *
V.	civis	mare	V.	cives	maria *
Ac.	civem	mare	Ac.	cives	maria *
G.	civis	maris	G.	civium *	marium *
D.	civi	mari	D.	civibus	maribus
Ab.	cive	mari *	Ab.	civibus	maribus

Remarques

– Les radicaux à voyelle « i » ressemblent aux radicaux à consonnes ; mais le i du radical apparaît à **certains cas** *.

– Les noms masculins ou féminins appartenant au radicaux en « i » ont généralement la même forme au **nominatif** et au **génitif singuliers**.

– Suivent ce modèle des noms où le i après deux consonnes a disparu au nominatif singulier :

- **urbs, urbis**, f. : *la ville*
- **mens, mentis**, f. : *l'esprit*

1 Ces noms de la 3e déclinaison ont-ils des radicaux à voyelle ou à consonne ? Dans ce dernier cas, précise quelle est la consonne du radical.

1. oratio, onis (f.) – 2. mens, mentis (f.) – 3. crudelitas, atis (f.) – 4. centurio, onis (m.) – 5. plebs, plebis (f.) – 6. virtus, utis (f.) – 7. hostis, is (m.) – 8. pars, partis (f.) – 9. dux, ducis (m.) – 10. navis, is (f.) – 11. scelus, eris (n.) – 12. vox, vocis (f.) – 13. finis, is (m.) – 14. rex, regis (m.) – 15. gens, gentis (f.) – 16. civitas, atis (f.) – 17. lex, legis (f.) – 18. parens, entis (m. ou f.) – 19. eques, equitis (m.) – 20. genus, eris (n.) – 21. miles, itis (m.)

2 Traduis au cas demandé les noms suivants :

1. la plèbe (Ac. sg.) – 2. le courage (Ab. sg.) – 3. les patriciens (N. pl.) – 4. les villes (G. pl.) – 5. le chef (Ac. sg.) – 6. la mer (Ab. sg.) – 7. les genres (N. pl.) – 8. les ennemis (G. pl.) – 9. l'homme (Ac. sg.) – 10. les parents (N. pl.) – 11. les cités (G. pl.) – 12. l'esprit (Ab. sg.)

3 Quel est le nominatif des noms suivants ? À quels cas peuvent-ils être ? (Plusieurs solutions sont possibles.)

1. legibus – 2. vocem – 3. patrum – 4. homine – 5. virtutibus – 6. orationes – 7. mentis – 8. centurionem – 9. genera – 10. hosti

4 Remplace le mot en gras par celui de la 3e déclinaison qui se trouve entre parenthèses, en le mettant au même cas, puis traduis les phrases.

1. Cum **domino** (dux) ambulo.
2. Dona **amicis** (miles) consul dat.
3. Patres **populum** (plebs) non servant.
4. Genera **virorum** (gens) numerare non possumus.
5. In **aquam** (mare) saliunt.
6. **Patriam** (civitas) amamus.
7. **Vicini** (homo) perveniunt.

5 Complète la traduction qui t'est proposée en traduisant les mots en gras.

Les plébéiens se sont révoltés contre les patriciens. Ceux-ci leur envoient Ménénius, qui, en leur racontant la fable des membres et de l'estomac, parvient à rétablir la situation.

« Comparando hinc quam intestina **corporis** seditio similis esset irae **plebis** in **patres**, flexisse **mentes hominum.** » (Tite-Live, *Histoire romaine*, II, 32)

« À partir de là, en comparant combien la révolte intestine […] était semblable à la colère […] contre […], on rapporte qu'il fit fléchir les […][…]. »

Vocabulaire à retenir

Noms

- **civitas, atis**, f. : *la cité*
- **dux, ducis**, m. : *le chef*
- **gens, ntis**, f. : *la famille, la nation*
- **genus, eris**, n. : *le genre*
- **homo, inis**, m. : *l' homme*
- **hostis, is**, m. : *l' ennemi*
- **mens, mentis**, f. : *l' esprit*
- **miles, militis**, m. : *le soldat*
- **parens, entis**, m./f. : *le père, la mère* (pl. : *les parents)*
- **pater, patris**, m. : *le père* (pl. *les patriciens, sénateurs)*
- **plebs, plebis**, f. : *la plèbe*
- **populus, i**, m. : *le peuple*
- **rex, regis**, m. : *le roi*
- **virtus, utis**, f. : *le courage, le mérite*

Civilisation

Découvrir

Les membres et l'estomac

La vie politique romaine était très mouvementée ! Un jour, le peuple décida même de quitter Rome et partit s'installer ailleurs. Un patricien vint alors leur raconter la fable des membres qui avaient décidé de laisser l'estomac se débrouiller tout seul.

Ainsi dit, ainsi fait. Les mains cessent de prendre,
Les bras d'agir, les jambes de marcher.
Tous dirent à Gaster qu'il en allât chercher*.
Ce leur fut une erreur dont ils se repentirent.
Bientôt les pauvres gens tombèrent en langueur ;
Il ne se forma plus de nouveau sang au cœur :
Chaque membre en souffrit, les forces se perdirent.
Par ce moyen, les mutins virent
Que celui qu'ils croyaient oisif et paresseux,
À l'intérêt commun contribuait plus qu'eux. [...]
Ménénius le sut bien dire.
La commune s'allait séparer du Sénat.
Les mécontents disaient qu'il avait tout l'Empire,
Le pouvoir, les trésors, l'honneur, la dignité ; [...]
Le peuple hors des murs était déjà posté,
La plupart s'en allaient chercher une autre terre,
Quand Ménénius leur fit voir
Qu'ils étaient aux membres semblables,
Et par cet apologue, insigne entre les Fables,
Les ramena dans leur devoir.

Jean de La Fontaine, *Fables*, III, 2

Notes

* les membres disent à l'estomac d'aller chercher sa nourriture lui-même

Monnaie romaine (IIe s. av. J.-C.) représentant le temple de Vesta au centre, avec la chaise curule, symbole de l'autorité du préteur ; à gauche, l'urne, à droite, les bulletins de vote. Bibliothèque nationale de France, Paris.

Questions

I. La fable (vers 1 à 10)

1. Qu'est-ce qui donne à cette fable son caractère merveilleux ?
2. Tous les organes qui composent le corps humain jouent-ils un rôle dans cette histoire ? Justifie ta réponse en citant le texte.
3. Quel point commun ont les membres qui se révoltent ? Qu'ont-ils décidé de faire ?
4. Relève les deux adjectifs qui expriment les reproches des membres à l'encontre de l'estomac.
5. Qu'arrive-t-il aux membres révoltés ? Pourquoi ?
6. Relève le vers qui exprime l'idée que l'estomac tient une place plus importante que les autres membres. En quoi est-ce vrai ?

II. Le récit historique (vers 11 à 20)

1. Quel est le nom du patricien qui raconte la fable ?
2. Relève les mots qui désignent le peuple romain. Quel terme exprime son état d'esprit ?
3. Qu'est-ce que le peuple reproche au sénat ? Avec quel personnage de la fable le sénat a-t-il un point commun ?
4. Qu'est-ce qui décide finalement le peuple romain à revenir à Rome ?
5. Quelle expression du texte montre que le narrateur pense que le peuple avait tort de se révolter ? Et toi, qu'en penses-tu ?

À vos plumes

Tu es l'estomac de la fable. Raconte, en une quinzaine de lignes, le mauvais tour que t'ont joué les autres membres.

Res publica

À Rome, la res publica s'oppose à la res privata, le domaine privé. Ce que les Romains appellent République, c'est donc ce qui concerne l'État, la paix et la guerre, le vote et le respect des lois. Mais qui s'en occupe ?

Un pouvoir attribué aux consuls...

- En 509 avant notre ère, le dernier roi est chassé de Rome. Il est remplacé par deux **consuls** élus par le peuple pour un an.

- Ces **magistrats**, habillés comme les anciens rois, ont le pouvoir de convoquer les assemblées, de proposer des lois, en un mot, de gouverner, mais aussi de rendre la justice et de commander, en cas de guerre, l'armée formée par les citoyens.

- Bénéficiant de la protection des **licteurs**, gardes du corps qui portent la hache et les verges, les consuls garantissent également la bonne entente entre les hommes et les dieux.

- Leur **imperium** s'accompagne, en effet, du droit de consulter les auspices, c'est-à-dire d'examiner les signes envoyés par Jupiter. Car aucun acte n'est accompli, aucune décision n'est prise, sans savoir si les dieux sont d'accord.

...et aux patriciens

- Les consuls ne sont pas seuls : ils gouvernent avec le **sénat** qui contrôle leur action. Cette assemblée regroupe les anciens magistrats.

- Au début de la République, tous ses membres sont **patriciens**, car, à l'origine, seuls ces derniers ont le droit d'exercer l'**imperium**.

- D'après la tradition, les familles patriciennes sont, en effet, les descendants des compagnons de Romulus. En tant que tels, les chefs de ces familles, les **patres**, détiennent le pouvoir religieux et sont seuls à connaître les règles du droit.

- Les patriciens forment donc une noblesse qui se distingue du reste du peuple – la **plèbe** – par son savoir, qui lui donne la clé du pouvoir, et par la richesse qu'elle tire de ses terres.

Les plébéiens en lutte

- Comme les patriciens s'étaient aussi arrangés pour contrôler le vote des assemblées qui réunissaient tous les citoyens, les **comices**, la plèbe se mit à réclamer une participation plus grande dans les affaires d'une cité pour laquelle elle versait son sang.

- Au bout d'un siècle, et après avoir menacé deux fois de faire sécession, les plébéiens purent réunir leurs propres assemblées, les **conciles** de la plèbe, interdites aux patriciens; élire leurs propres magistrats, les **tribuns** de la plèbe, capables de s'opposer à l'action des consuls.

- Ils obtinrent même que les lois soient connues de tous grâce à leur inscription sur douze tables de bronze.

- Ainsi, au IVe siècle, les plus riches des plébéiens purent devenir consuls.

- Les futurs magistrats devaient désormais convaincre leurs électeurs et soigner leur réputation.

Les faisceaux des licteurs : ces verges, tenues par un ruban rouge, et cette hache représentaient le pouvoir de fouetter et de tuer ceux qui le méritaient.

4 La République en fête

Objectifs

- **lecture : lire un récit de combat**
- **langue : reconnaître le parfait, connaître le présent de EO et FERO**
- **civilisation : découvrir les festivités romaines**

Lecture

Un monstre dans l'arène

Les magistrats, soucieux de leur popularité, n'hésitaient pas à offrir aux Romains, qui en étaient friands, des spectacles d'animaux s'entretuant. Martial décrit dans cette épigramme un combat particulièrement sanglant.

Sollicitant pavidi dum rhinocerota magistri
seque diu magnae colligit ira ferae,
desperabantur promissi proelia Martis* ;
sed tandem rediit cognitus ante furor.
Namque gravem cornu gemino sic extulit ursum,
jactat ut inpositas taurus in astra pilas [...].
Ille tulit geminos facili cervice juvencos,
illi cessit atrox bubalus atque bison :
hunc leo cum fugeret, praeceps in tela cucurrit.

Martial (40-104 ap. J.-C.), *Épigrammes, Spectacles*, XXII.

Tant que les piqueurs, effrayés, tourmentaient le rhinocéros et tant que la colère du grand fauve bouillonnait en lui-même, on désespérait de voir les combats annoncés ; mais enfin la fureur qu'on lui connaissait resurgit. Ainsi, il souleva un gros ours sur sa double corne, comme un taureau projette dans les étoiles les mannequins qu'on lui jette (...). Il balaya sans peine d'un coup de tête deux jeunes taureaux, face à lui ni le buffle farouche, ni le bison ne résistèrent : comme il fuyait devant lui, un lion se précipita la tête la première sur les lances.

Note

* *proelia Martis* se traduit par « combats annoncés »

Combat de gladiateurs contre des animaux.
Fresque (320 ap. J.-C.)
Galerie Borghese, Rome.

Lire le texte

1. Quels animaux s'affrontent dans ce combat ? Relève en français et en latin les mots qui les reprennent.

2. Quel animal est au centre des regards ? Quelle impression dégage-t-il ?

3. Que ressentent ses adversaires ? Indique les mots et expressions qui t'ont permis de répondre en français et en latin.

4. Observe les verbes soulignés : à quel temps sont-ils ? Quelle est leur caractéristique commune ?

5. Recherche les temps primitifs des verbes **rediit** (l. **4**) et **tulit** (l. **7**). Que remarques-tu de particulier ?

Gladiateurs affrontant des animaux. Bas-relief (IIe-IIIe s.). Musée archéologique, Istanbul.

Étymologie

LES TROUVAILLES D'ETYMON

Dans le texte de Martial, tu as remarqué le verbe **fero,** avec sa forme irrégulière du parfait de l'indicatif **tuli** (l. **7**). Il signifie *porter* et a donné un élément très riche en français : le suffixe **-fère** *(qui porte)*. Avec une grande énergie, ce petit suffixe supporte un nombre incroyable d'éléments : des cônes, de l'or ou du pétrole. Il donne ainsi naissance à la grande famille des *conifères*, tels que le pin et ses pommes. Il enrichit ensuite les mines situées sur des terrains *aurifères*. Enfin, il fait rêver les grandes puissances avec ses gisements *pétrolifères*.

La racine **fer**, quant à elle, peut être source de joie quand elle rend les terres *fertiles*, c'est-à-dire porteuses de récoltes. Mais elle est également à l'origine de la tristesse lorsqu'elle nous fait *souffrir* et que l'on est obligé de supporter la douleur.

LES DEVINETTES D'ETYMON

Complète les phrases suivantes avec des mots venant du verbe **fero**.

a) *Je ne trouve pas le sommeil. Je vais devoir prendre un ....*
b) *Ce terrain est particulièrement riche en argent : il est ....*
c) *Pour Noël, j'ai décidé de lui ...... ce beau collier.*
d) *Les ...... sont des animaux dont les femelles allaitent leurs petits à la mamelle.*
e) *« Pour vos efforts, je vous ...... la médaille du mérite. »*

Le parfait de l'indicatif

1. Son emploi

• Le parfait est un temps du passé qui indique que l'action est achevée. On le traduit par le passé simple ou le passé composé :
Furor rediit. *Sa fureur revint.*

2. Sa conjugaison

• On connaît le radical du parfait grâce aux temps primitifs : **amo, as, are, avi, atum** : *aimer.*

Le radical du parfait (sans la désinence **-i**) est : **amav-.**

Singulier		*Pluriel*		*Infinitif*
1re pers.	**amav**i	1re pers.	**amav**imus	**amav**isse
2e pers.	**amav**isti	2e pers.	**amav**istis	
3e pers.	**amav**it	3e pers.	**amav**erunt	

Remarque
• On observe plusieurs types de radicaux :
amav (amo), monu (moneo), cess (cedo), fec (facio), fu- (sum), potu (possum) tul- (fero)

Le présent de l'indicatif des verbes EO et FERO

• **eo, is, ire, ivi** ou **ii, itum** : *aller* (radical alternant **i/e**)
ACTIF : **e**o, **i**s, **i**t, **i**mus, **i**tis, **eu**nt

Remarque
Eo n'a pas de passif.

• **fero, fers, ferre, tuli, latum** : *porter* (quelques formes **sans voyelle de liaison**).
ACTIF : fero, **fers**, **fert**, ferimus, **fertis**, ferunt
PASSIF : feror, **ferris**, **fertur**, ferimur, ferimini, feruntur

Vocabulaire à retenir

Noms
fera, ae, f. : *la bête sauvage*
furor, oris, m. : *la folie, la fureur*
ira, ae, f. : *la colère*
leo, onis, m. : *le lion*

Mots invariables
ac, atque : *et*
diu : *longtemps*
sed : *mais*
tandem : *enfin*

Verbes
cedo, is, ere, cessi, cessum : *s'avancer ; céder devant qqn* + D.
curro, is, ere, cucurri, cursum : *courir*
eo, is, ire, ivi (ou ii), itum : *aller*
fero, fers, ferre, tuli, latum : *porter*
retineo, es, ere, tinui, tentum : *retenir*
teneo, es, ere, tenui, tentum : *tenir*
video, es, ere, vidi, visum : *voir*
vinco, is, ere, vici, victum : *vaincre*

1 Relie chaque présent au parfait qui convient et traduis les deux formes verbales.

présent			parfait
ducit	•	•	tulerunt
ferunt	•	•	tenuimus
curro	•	•	duxit
tenemus	•	•	cucurri
dant	•	•	ivisse
est	•	•	dederunt
mittitis	•	•	cepisti
capis	•	•	fuit
ire	•	•	misistis

2 a) Recherche les temps primitifs de ces verbes.
b) Rétablis les lettres qui manquent dans ces formes de parfait.

1. ambula_isti - 2. d_dimus - 3. servav_runt - 4. exerc_imus - 5. f_cisti - 6. hab_istis - 7. mi_it - 8. c_currerunt - 9. laboravi_tis - 10. plac_it - 11. perven_mus - 12. ces_i

3 a) Complète chaque phrase par l'un des verbes suivants :
numeraverunt – audivimus – venit - occupavit – duxistis – fuit
b) Traduis les phrases obtenues.

1. Turba vias...
2. Roma magna taberna...
3. Clamorem...
4. Viri pilas...
5. O patres, civem in servitutem...
6. Manlius in forum

4 a) Traduis ces phrases en latin.
b) Transpose les verbes du parfait à l'indicatif présent.

1. Le chef a vaincu les ennemis.
2. Le peuple vint dans le cirque (circus, i, m.).
3. Nous avons vu les soldats et les bêtes sauvages.
4. Le lion céda devant la bête sauvage.

5 a) Traduis ce texte inspiré de Martial.
b) Transpose les verbes latins au présent.

Fera diu iram retinuit : sed tandem furor rediit atque ursum *(un ours)* in astra tulit *(jeta dans les étoiles)*. Bison ferae cessit ac leo praeceps *(la tête la première)* in tela cucurrit.

6 Retrouve les formes des verbes EO et FERO en complétant ces grilles.

1. aller
2. vous allez
3. tu es allé
4. être allé
5. ils allèrent

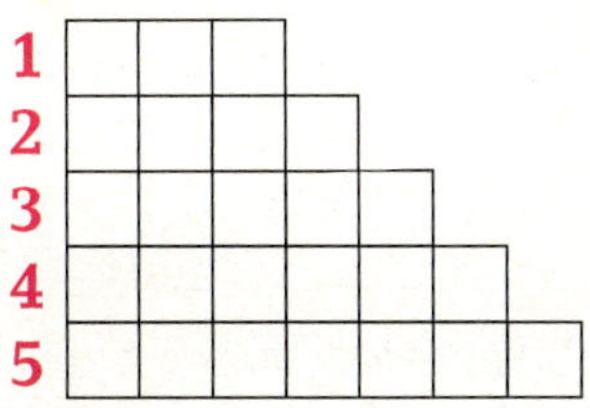

1. il porte
2. porter
3. ils portent
4. nous portons
5. vous êtes portés

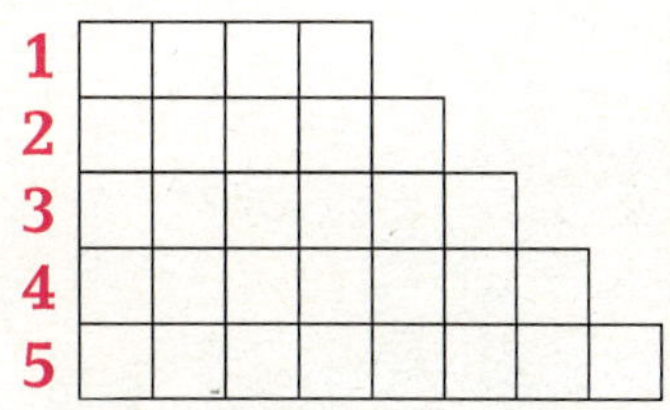

Civilisation

Découvrir

Un triomphe assez peu modeste

Rentrer vainqueur d'une campagne militaire est l'occasion, pour un consul, de renforcer sa renommée en montrant, lors du défilé de la victoire, toutes les richesses qu'il a durement conquises pour Rome et ses concitoyens. Le consul Paul-Émile ne fit d'ailleurs pas les choses à moitié…

Dans les théâtres hippiques, qu'on appelle cirques, et autour du forum, le peuple avait fait dresser des estrades, et il occupait aussi les autres quartiers de la ville d'où l'on pouvait avoir vue sur le cortège […]. Tous les temples étaient ouverts et remplis de couronnes et de vapeurs d'encens. Un grand nombre de gardes et de licteurs refoulaient ceux qui s'avançaient en désordre au milieu de la voie ou qui la traversaient en courant, et ils tenaient les rues ouvertes et libres. La pompe triomphale fut répartie sur trois journées. La première suffit à peine à voir défiler les statues, les tableaux, les colosses pris à l'ennemi, que transportaient deux cent cinquante chars. Le lendemain, on vit passer sur un grand nombre de chariots les plus belles et les plus riches armes des Macédoniens, tout étincelantes d'airain et de fer fraîchement fourbi*.

Plutarque (v. 50-v. 125), *Vies parallèles*, Paul-Émile, 32, 2-5
trad. Robert Flacelière et Émile Chambry

Note

* nettoyé

Questions

1 Combien de temps dure la célébration de la victoire ?

2 Dans quels lieux ou bâtiments les festivités ont-elles lieu ?

3 Relève les termes qui prouvent l'importance de cette fête.

Coupe en argent (Ier s.) représentant le cortège triomphal de Tibère.
Musée du Louvre, Paris.

Lire l'image

1 Quels renseignements t'apporte la légende ?

2 Quels personnages apparaissent ? Que fait chacun d'eux ?

3 Quel rapport vois-tu avec le texte de Plutarque ?

Votez pour moi !

Chez les Romains, pas de télévision pour se faire connaître : les candidats aux élections ont donc recours à des spectacles grandioses pour impressionner la foule !

Une voix de plus !

Quoi de mieux que des jeux, des combats ou des défilés pour distraire le peuple, lui faire oublier ses tracas et le mettre ainsi de son côté, en en faisant un électeur convaincu !

Le riche Romain a, suivant ses besoins et ses capacités, plusieurs moyens d'action.

Tous ces spectacles sont offerts par de riches citoyens, qui rivalisent de luxe pour s'attirer les faveurs de leurs électeurs potentiels. Tout est bon pour surprendre, étonner, conquérir la foule.

Entrée triomphale

Un général victorieux se doit de recueillir les louanges de la foule en liesse. On autorise donc exceptionnellement les vainqueurs à pénétrer dans la Ville avec leurs armes, lors d'un défilé magistral. Le butin dérobé aux ennemis est étalé sur des chariots ; les prisonniers sont exhibés devant les Romains, admiratifs.

Ce cortège permet de montrer au peuple romain la force de ses armées, et donc de refléter sa propre puissance. L'électeur, lors du vote, aura encore les yeux éblouis par tant de luxe et d'ostentation : le général brillera d'un éclat incomparable.

La fête permanente...

Dans le calendrier romain, une grande partie de l'année est fériée : il faut bien honorer tous les dieux !

À cette occasion, le peuple peut assister à des courses de char : les attelages ont des couleurs sur lesquelles on peut parier, autant dire que l'ambiance est chaude dans les gradins !

Ensuite, il peut trembler devant les combats de gladiateurs ; les hommes s'affrontent par paires : le **rétiaire**, avec son filet et son trident, lutte contre le **secutor**, protégé par un long bouclier et armé d'une épée.

Il reste assis pour les chasses : hommes contre animaux ou animaux contre animaux.

S'il préfère un divertissement plus calme et moins violent, le peuple peut aller au théâtre voir jouer une comédie de Plaute ou écouter la lecture publique du dernier livre de Virgile.

...même dans la mort

Le décès d'un homme public est également prétexte à une fête. Pour le rituel funéraire classique, on commence par des jeux funéraires, qui comportent, entre autres, des combats de gladiateurs. Puis c'est un gigantesque banquet sur le forum ou sur d'autres places publiques, avec distribution de nourriture (parfois même de viande !).

Cela permet, une fois encore, à l'organisateur de se faire de la publicité et de montrer au peuple combien il est généreux et combien il mérite que l'on vote pour lui.

En haut : Entrée triomphale de l'empereur Marc Aurèle. Relief en marbre. Musée du Capitole, Rome.

Ci-dessous : Jeux du cirque. Mosaïque (IIe s.) Musée de la civilisation gallo-romaine, Lyon.

Bilan de la séquence 2

Étymologie

1 Au chapitre 3, Marcus Manlius cherche à être connu. C'est d'ailleurs le sens de l'adjectif **nobilis,** apparenté au verbe **cognoscere** *(apprendre à connaître)* qui a donné en français le verbe *connaître*.
Derrière les définitions suivantes se cachent des mots issus de cette même famille. Retrouve-les !

a. se dit des gens qui descendent des chevaliers
b. voyager en cachant son identité
c. commence par un préfixe privatif et désigne quelque chose de repoussant
d. mot qui désigne les personnes que l'on fréquente sur son lieu de travail

2 La **Res publica** s'épanouit au sein de la **civitas,** *la cité*, et est l'affaire du **civis**, *le citoyen*.

Complète les phrases suivantes en utilisant des termes apparentés à ces deux mots latins.

a. Depuis que j'ai déménagé à la campagne, j'ignore les ennuis du ...
b. Cracher sur un camarade est une action qui fait partie des ...
c. Aller voter, c'est faire preuve de ...
d. Cette petite ville de province s'étale au pied d'une très belle ...

Sénateurs romains.
Sarcophage.
Musée national romain, Rome.

langue

En complétant ce tableau composé, à une exception près, de formes de **eo** et **fero**, tu trouveras le compte-rendu que César fit d'une de ses campagnes militaires.

			T		F		T		F		F
		E	U		E	R	U		E	C	E
I	F	U	L	I	R	E	L	I	R	U	R
I	R	T	M	I	M	I	S	I	M	U	M
	T		U	S	U	I	T	S	U	R	I
			S	S	S	T	I	T	R	R	N
				E			S	I		I	I

Civilisation

Les citoyens représentés ci-dessous exercent chacun l'une des cinq magistratures romaines.

a. Observe chaque personnage et, d'après les indices qui te sont donnés, détermine l'ordre dans lequel on doit exercer ces magistratures.

b. Deux citoyens ont perdu leur titre : retrouve le nom de leur fonction en t'aidant des séquences 1 et 2.

c. Quelle est, à ton avis, la magistrature la plus prestigieuse ?

La carrière des honneurs

...
41 ans.
Il est chef du pouvoir exécutif et des armées.
2 postes à pourvoir.

Questeur
25 ou 30 ans.
Il gère les finances publiques.
20 postes à pourvoir.

...
39 ans.
Il s'occupe de la justice
6 postes à pourvoir.

Censeur
seuls sont éligibles les sénateurs les plus anciens et expérimentés.
Le censeur établit la liste des citoyens et celle des sénateurs.
2 postes à pourvoir tous les 5 ans.

Édile
37 ans.
Il gère la ville de Rome (voiries, police, fête publique...).
4 postes à pourvoir.

Dossier

Les jeux, Une violence légale

Les jeux du cirque sont, pour les Romains, le loisir principal. Même si elle reste importante, la dimension religieuse diminue progressivement au profit du spectaculaire. Les dirigeants proposent donc un choix de plus en plus vaste : courses de chars, chasses, naumachies (combats navals), ou martyres de chrétiens. Tout est bon pour satisfaire le peuple des électeurs.

Texte 1 • Le P.M.U. romain

Pour les gens de la plèbe, une vraie passion : les courses de chevaux. Les paris vont bon train pour savoir quel char sera le vainqueur !

Tout le temps qu'ils ont à vivre, ils le consacrent à boire et à jouer aux dés, en débauches, en plaisirs, en spectacles : leur temple, leur séjour, leur assemblée, le dernier terme de leurs désirs, c'est le Grand Cirque [...]. Dans le nombre, ceux auxquels la vie n'a plus rien à offrir, auxquels l'autorité de l'âge donne le premier rang, s'exclament souvent, invoquant leurs cheveux blancs et leurs rides, que l'État ne peut subsister, si dans la prochaine course le cocher à qui vont les préférences de chacun ne s'élance pas le premier hors des remises[1], et si avec ses chevaux de funeste augure il ne contourne pas la borne d'assez près.

Et puisque le chancre de l'insouciance est si profondément enraciné[2], quand le jour tant souhaité des jeux équestres commence à blanchir, tous en grand désordre se hâtent et se précipitent, avant que la lumière solaire ait pris tout son éclat, au point de surpasser en rapidité les chars mêmes qui doivent disputer la course : sur l'issue de celle-ci, leurs vœux passionnés divergent et ils sont très nombreux à passer dans l'angoisse des nuits sans sommeil.

Ammien Marcellin (335-400),
Histoires, XXXVIII, 29-30
trad. M.A. Marié © Les Belles Lettres

Notes

1. box
2. = puisque le peuple est si profondément insouciant

Spectateurs assistant à une course de chars. Mosaïque (IVe s. ap. J.-C.). Musée du Bardo, Tunis.

Document 2 • Un public conquis

*Les spectateurs se pressent et s'entassent dans les gradins du Grand Cirque (**Circus Maximus**) afin d'assister au spectacle. Ils espèrent que leur équipe gagnera sans quoi ils perdront l'argent de leur pari !*

Document 3 • La course

*Les positions des chars sur la ligne de départ ont été tirées au sort : les cochers bleu, blanc, rouge et vert se préparent dans leurs box (**carcer, eris**). Le président des jeux donne le signal de départ en jetant sur la piste une étoffe blanche, la **mappa**. Les portes des **carceres** s'ouvrent avec violence : c'est parti !*

Course de chars.
Haut-relief (IIe s. ap. J.-C.).
Musée de la Civilisation romaine, Rome.

Texte 4 • Rouge ou blanc ?

La fin de la course approche. Seuls deux concurrents peuvent encore l'emporter : le Juif Ben-Hur pour les Blancs, le Romain Messala pour les Rouges. La lutte est acharnée !

Pour faire le tournant, Messala commença à retenir ses chevaux de gauche et ralentit nécessairement leur allure. Il n'en était pas moins très excité et suppliait les dieux de lui être favorables, leur promettant des sacrifices sur tous les autels. À 600 pieds* de là seulement, il allait atteindre la renommée, les richesses, les titres et la gloire [...].

Au moment choisi, comme Messala décrivait un cercle autour de la borne, Ben-Hur traversait la piste d'un bond et, réduisant le plus possible le cercle qu'il devait lui-même tracer, heurtait la roue extérieure du Romain dans un fracas tel que le cirque entier en retentit. Il y eut une envolée de débris blancs et jaunes ; le char du Romain, penché sur la droite, rebondit deux fois et s'écroula fracassé, tandis que Messala, embarrassé dans les rênes, était précipité en avant, la tête la première.[...] La course était gagnée !

Lewis Wallace, *Ben-Hur*, D. R.

Note

* 198 mètres

Questions

1. Quelle place occupent les courses de chevaux dans la vie des Romains ? Ce spectacle est-il populaire ? Justifie tes réponses.
2. D'après ces différents documents, combien d'équipes s'affrontent dans les courses de chevaux ? Comment les distingue-t-on ?
3. D'après les documents, par combien de chevaux est tiré un char en général ?
4. À ton avis, à quoi sert la borne dont il est question dans les documents 1 et 4 ?
5. Ce genre de spectacle est-il dangereux pour les cochers ? Qu'espèrent -ils en retirer ?

Document 5 • Duel

Deux gladiateurs s'affrontent. Pour corser le spectacle, des tigres sont lancés dans l'arène pour restreindre les mouvements des combattants et les obliger à se battre sans trêve !

Scène du film *Gladiator* de Ridley Scott.

Texte 6 • De bruit et de fureur

La ville de Rome offre des jeux à son empereur, Honorius. Le mime Pylade, déguisé en Dionysos, a d'abord excité la foule dans un spectacle débridé. Vient alors le moment tant attendu : le combat de gladiateurs !

Le numéro suivant était un combat de gladiateurs, tridents et filets contre épées et boucliers, l'une de ces exhibitions massives où vingt à trente couples de combattants luttaient en même temps dans l'arène, les deux derniers vainqueurs devant ensuite s'affronter jusqu'à ce qu'enfin il n'en restât plus qu'un. Les spectateurs, échauffés par le spectacle de Pylade, aiguillonnaient les adversaires, réclamaient du sang à cor et à cri : quand les premiers morts se furent écroulés, le public se déchaîna ; l'empereur lui-même dut se cramponner à la balustrade ; autour de lui et de sa cour, qui parvenait encore à observer le décorum, les dizaines de milliers de spectateurs hurlaient, s'excitant et s'entraînant les uns les autres dans un fatal maelström.

Hella S. Haasse, *Un goût d'amandes amères*,
trad. Anne-Marie de Both-Diez

Texte 7 • « Tire ou file »

Le jeu « Tire ou file » bouleverse la société inventée par Robert Sheckley dans ce roman de science-fiction. Ses règles rappellent étrangement celle des jeux romains.

Les règles du jeu « Tire ou file », [...], étaient [...] simples : la Chasse était ouverte à tout le monde, homme ou femme, de dix-huit à cinquante ans, sans tenir compte de la race, de la religion ni de la nationalité. Quiconque participait au Jeu était tenu d'accomplir les dix poursuites réglementaires en étant alternativement cinq fois Proie et cinq fois Chasseur. Les Chasseurs recevaient le nom, l'adresse et la photographie de leur Proie ; les Proies obtenaient seulement un avis les prévenant qu'un Chasseur était à leur trousse.

Depuis qu'on avait commencé à jouer à « Tire ou file », il n'y avait plus eu de grandes guerres dans le monde ; rien qu'une infinité de minuscules guerres, réduites au minimum de combattants, c'est à dire deux !

Robert Sheckley, *La Dixième Victime*,
The Tenth Victim, trad. R. Fitzgerald

Questions

1. Décris la réaction de la foule assistant à un combat de gladiateurs.
2. Quels sont les points communs entre les combats de gladiateurs romains et le jeu futuriste « Tire ou file » ?
3. Quel intérêt le jeu « Tire ou file » a-t-il pour la société futuriste inventée par Robert Sheckley ? Penses-tu que les combats de gladiateurs avaient le même rôle dans le monde romain ?

Exposés

1. Recherche le plan du Grand Cirque (**Circus maximus**) et décris précisément le déroulement d'une course de chars romaine.
2. Fais des recherches sur les différents types de gladiateurs (quels types de gladiateurs s'affrontaient, quelles étaient leurs armes, leurs conditions de vie, etc.)
3. Regarde les films *Ben-Hur* (William Wyler, 1959) et *Gladiator* (Ridley Scott, 2000). Compare deux scènes similaires : la course de chars de *Ben-Hur* et le combat impliquant des chars dans *Gladiator*. Laquelle te semble la plus réaliste ? Pourquoi ?

Esclave noir, les mains liées dans le dos.
Bronze (II-Ier s. av. J.-C.).
Musée du Louvre, Paris.

Séquence 3
La société romaine

Décris précisément cette statue
(matériau, sujet, attitude, expression du visage…)
Malgré sa condition d'esclave, quelle impression
dégage ce personnage ?

5 Patrons et clients

Objectifs

- **lecture : lire un monologue de théâtre**
- **langue : réviser les adjectifs de la 1re classe, identifier le participe parfait passif, traduire l'ablatif absolu**
- **civilisation : découvrir les liens unissant patrons et clients**

Lecture

Le temps des vaches maigres

À Rome, les pauvres pouvaient se mettre sous la protection des citoyens les plus riches qui leur offraient de quoi vivre. Comme les famines n'étaient pas rares, ces plébéiens sans le sou accordaient beaucoup d'importance à la nourriture qu'on leur distribuait. Dans ses pièces, Plaute s'amuse à en faire de véritables rapaces. Voici les propos de l'un de ses personnages, Ergasile.

ERGASILE

Quasi mures semper edimus alienum cibum ;
ubi res prolatae sunt, cum rus homines eunt,
simul prolatae res sunt nostris dentibus.
Quasi, cum caletur, cocleae in occulto latent,
suo sibi suco vivunt, ros si non cadit,
item parasiti rebus prolatis latent
in occulto miseri, victitant suco suo,
dum ruri rurant homines quos ligurriant.
Prolatis rebus parasiti venatici
sumus, quando res redierunt, molossici
odiosicique et multum incommodestici.

Planche botanique réalisée par Nicolas Robert (XIIIe s.).
Fitzwilliam Museum, université de Cambridge.

ERGASILE

De même que, lorsqu'il fait chaud, les escargots restent cachés dans leur trou et vivent de leur propre substance, si la rosée ne tombe pas, eh bien, de la même façon, les parasites, au moment des vacances, se dissimulent, vivent malheureux dans leur trou et se nourrissent de leur propre substance, tandis qu'à la campagne se mettent au vert[1] les gens dont ils pourraient faire leurs choux gras[2]. Pendant les vacances, nous, les parasites, nous sommes comme les chiens de chasse ; quand les affaires reprennent, nous sommes des molosses, redoutables et fort peu commodes.

Plaute (v. 254-184 av. J.-C.), *Les Prisonniers*, I, 1
traduction Pierre Grimal, © Gallimard

Aide à la traduction

quasi : *comme*
mus, muris, m. : *souris*
edo, is, ere : *manger*
alienum cibum (G.N. à l'Ac.): *la nourriture des autres*
ubi ; cum : *quand*
res prolatae sunt : *les affaires sont suspendues*
rus : *à la campagne*
simul : *du même coup*

Notes

1. partent en vacances
2. profiter

Lire le texte

Un monologue de théâtre

1. Observe le paratexte : dans quelle partie de la pièce cet extrait se situe-t-il ? Quelle peut être la visée de ce texte ?

2. Traduis le passage en gras, en t'aidant des notes.

Profession : parasite

3. À quelle personne Ergasile s'exprime-t-il ? Relève les verbes latins qui t'ont permis de répondre.

4. De qui se fait-il le représentant ? Quelle phrase du texte latin résume parfaitement l'activité de ces personnes ?

5. « prolatis rebus » indique le moment où les parasites sont malheureux. Comment est traduit ce groupe à l'ablatif ?

6. À quelle catégorie de personnes Ergasile et ses congénères s'opposent-ils ?

Un parler très imagé

7. Quels animaux Ergasile emploie-t-il dans ses comparaisons ? Relève les mots latins qui les désignent (l'un d'eux a donné le mot *vénerie* qui désigne l'art de chasser avec des chiens).

8. Quels sont les points communs des deux premières espèces d'animaux ? Pourquoi ces comparaisons prêtent-elles à sourire ?

9. Quel autre aspect, peu flatteur, la dernière comparaison met-elle en lumière ? Relève en latin et en français les deux adjectifs qui renforcent cette impression. Que sais-tu sur les adjectifs latins ?

Chien prêt à l'attaque. Bronze.
Musée archéologique, Rabat.

Étymologie

LES TROUVAILLES D'ETYMON

Res a, en latin, un petit côté insignifiant. En effet, s'il désigne l'ensemble de ce que l'on possède ainsi que les affaires dont on s'occupe, **res** est aussi un mot passe-partout, comme le mot *chose* en français. Utilisé à l'accusatif (**rem**) dans de nombreuses expressions, c'est sous cette forme qu'il est passé dans notre langue. Et c'est là qu'à force de désigner tout et n'importe quoi, il a fini par ne plus signifier grand-chose avant de n'en plus signifier aucune : en passant de **rem** à *rien,* **res** est littéralement devenu un moins que rien !
Et c'est certainement en pensant aux petits riens qui font l'existence qu'au Moyen Âge, on créa les termes ***réel*** et ***réalité*** à partir de ce petit mot de rien du tout...

Les adjectifs de la 1re classe

• Les adjectifs de la 1re classe se déclinent sur le modèle de **bonus, a, um** *(bon)* ou **miser, a, um** *(malheureux)*.

	Singulier				*Pluriel*		
	masculin	**féminin**	**neutre**		**masculin**	**féminin**	**neutre**
N.	bonus	bona	bonum	N.	boni	bonae	bona
V.	bone	bona	bonum	V.	boni	bonae	bona
Ac.	bonum	bonam	bonum	Ac.	bonos	bonas	bona
G.	boni	bonae	boni	G.	bonorum	bonarum	bonorum
D.	bono	bonae	bono	D.	bonis	bonis	bonis
Ab.	bono	bona	bono	Ab.	bonis	bonis	bonis

Le participe parfait passif

• Formé sur le radical du **supin** (5e forme des temps primitifs), le participe parfait à valeur **passive** se décline comme **bonus, a, um**. Il détermine un nom.

- **amat-um** : *pour aimer* (supin) — **amatus, a, um** : *(ayant été) aimé* (participe parfait passif)
- **Res prolatae redierunt.**
  Les affaires (ayant été) suspendues reprennent.
  Les affaires qui ont été suspendues reprennent.

L'ablatif absolu

1. Formation

• Le participe (présent ou parfait), à l'ablatif, peut être le noyau d'une proposition participiale : son sujet, à l'ablatif, est différent de celui de la principale.

- **Rebus prolatis**, parasiti latent.
  Les affaires (ayant été) suspendues, les parasites se cachent.
  (sujet à l'Ab.) *(participe à l'Ab.)* *(sujet au N.)*

2. Traductions

• On peut traduire l'ablatif absolu différemment selon le contexte :

– par une **proposition subordonnée :**
  – **de temps :** *quand les affaires ont été suspendues…*
  – **de cause :** *parce que les affaires ont été suspendues…*
  – **de condition :** *si les affaires ont été suspendues…*
– par un **groupe nominal :** *avec la suspension des affaires…*

1 Retrouve les temps primitifs de ces verbes et donne leur supin puis leur participe parfait passif.

1. fero – 2. video – 3. vinco – 4. duco – 5. exerceo – 6. facio – 7. mitto – 8. numero – 9. do – 10. capio – 11. moneo – 12. audio

2 a) Accorde le participe avec le nom qu'il détermine. Le cas est indiqué entre parenthèses.
b) Traduis ces expressions, puis transpose-les au pluriel.

1. vox audit...... (N.) – 2. hostem vict...... (Ac.) – 3. feram duct...... (Ac.) – 4. corpus exercit...... (N.) – 5. militi miss...... (D.) – 6. dono dat...... (Ab.) – 7. ducis monit...... (G.)

3 Traduis ces phrases en proposant deux traductions pour chacun des ablatifs absolus.

1. Cibo lato, Ergasilus edere potest.
2. Pecunia data, clientes vivere possunt.
3. Servis rus missis, dominus non domi edit.
4. Prolatis rebus, patroni ruri vivunt.
5. Cena facta, cliens patrono gratiam habet.

4 Choisis dans la colonne A un nom que tu mettras à l'ablatif, dans la colonne B un verbe que tu mettras au participe parfait passif en l'accordant avec le nom choisi ; puis ajoute la proposition de la colonne C qui conviendra le mieux. Propose au moins six phrases que tu traduiras.

A	B	C
1. servus	1. audire	1. patronus rus non it
2. hostis	2. vincere	2. turba vias occupat
3. miles	3. mittere	3. dux urbem capit
4. cliens	4. monere	4. leo in tela currit
5. fera	5. videre	5. dominus iram retinet

5 Traduis ce texte inspiré de Plaute.

Semper parasti edimus alienum cibum ; ubi res prolatae sunt, cum rus homines eunt et ruri vivunt, cibum non habemus. Prolatis rebus, quasi cocleae *(comme des escargots)* in occulto *(en cachette)* miseri vivimus. At *(mais)* quando res redierunt et domi homines sunt, quasi molossici *(comme des molosses)* sumus.

Vocabulaire à retenir

Noms

cena, ae, f. : ***le repas***
cibus, i, m. : ***la nourriture***
cliens, clientis, m. : ***le client***
gratia, ae, f. : ***la reconnaissance***
patronus, i, m. : ***le patron***
res, rei, f. : ***la chose, l'affaire*** (déclinaison p. 122)
domi/ruri : ***à la maison/à la campagne*** (où l'on est)
domum/rus : ***à la maison/à la campagne*** (où l'on va)

Adjectif

alienus, a, um : ***d'autrui***

Verbes

edo, is, ere, edi, esum : ***manger***
profero, fers, ferre, tuli, latum : ***présenter ; différer, suspendre***
vivo, is, ere, vixi, victum : ***vivre***

Mots invariables

cum, ubi, quando : ***quand***
semper : ***toujours***

Civilisation

Découvrir

Un drôle de client

Les riches Romains aimaient à s'entourer d'intellectuels qui, en échange du gîte et du couvert, les distrayaient par de beaux discours ou les initiaient à leur sagesse. Gordien, un détective invité à l'enterrement du mari d'une cliente, écoute ce que ses voisins de table disent de l'un d'entre eux.

« Tu te plains des convives de cette pièce. D'accord, ce n'est pas la crème. Mais regarde là : c'est le philosophe de la maison. Il s'appelle Dionysius, je crois.

– Oui, comme la moitié des philosophes grecs en Italie, grommela la femme. Celui-là n'est pas particulièrement brillant, d'après ce que j'ai entendu.

– Totalement sans intérêt, dit-on. Je me demande pourquoi Licinius le gardait. Je suppose que c'est Gelina qui l'a déniché. Elle n'est pas spécialement réputée pour ses choix, sauf en matière de cuisiniers. Maintenant que Lucius n'est plus là, il aura du mal à trouver une situation aussi confortable. [...] Quel personnage déplaisant... et vulgaire aussi. Regarde-le ! Regarde ces grimaces, et cette langue qu'il n'arrête pas de sortir. Vraiment, on dirait qu'il n'est qu'à moitié civilisé !

– Oui, je vois ce que tu veux dire. Il se donne en spectacle. Ce Dionysius tient plus du bouffon que du sage. »

Steven Saylor, *L'Étreinte de Némésis*

Scène de banquet.
Mosaïque (IVe s. ap. J.-C.).
Musée du Bardo, Tunis.

Questions

1. À quelle sorte de texte as-tu affaire ? Relève les indices qui t'ont permis de répondre.
2. Que faisait Dionysius dans la maison du mort ? En t'aidant de l'introduction, explique en quoi peut consister la discipline qu'il exerce.
3. Relève toutes les expressions se rapportant à Dionysius : sont-elles mélioratives ou péjoratives ?

À vos plumes

Si Dionysius se comporte si étrangement, c'est qu'il vient d'être empoisonné : imagine la fin de la scène alors que des dizaines de personnes mangent et discutent tranquillement.

Une association d'intérêts

À Rome, les Ergasile et les Dionysius n'étaient pas rares. Au contraire ! Ainsi, tous ceux qui, comme eux, se mettaient sous la protection d'un personnage riche et puissant étaient appelés clientes, tandis que ce personnage devenait leur patronus.

Une protection sociale

À Rome, mieux valait avoir un protecteur, un **patronus**, surtout quand on était de condition modeste. Car l'État ne s'occupait guère d'aider les particuliers en difficulté : pour les petites gens pas de Sécurité sociale, ni de RMI, d'allocations chômage, et encore moins d'assurance. En cas de problèmes, on se tournait donc vers son patron quand on en avait un.

Qu'il ait été noble patricien ou riche plébéien, l'aide qu'il pouvait apporter était multiple : cela allait du simple panier repas qu'il distribuait chaque matin aux plus pauvres de ses clients, jusqu'au remboursement d'une dette, en passant par une lettre de recommandation.

Face à la justice

Mais c'est surtout en cas de démêlés avec la justice que la protection d'un patron était appréciable, car le métier d'avocat n'existait pas. C'était donc au patron qu'il revenait de jouer ce rôle.

Sa présence était d'autant plus nécessaire que l'exécution de la sentence était à la charge du plaignant (ce qui demandait des moyens) et que la fonction de juge était davantage considérée comme une charge honorifique que comme une vocation : pour éveiller l'intérêt d'un juge indifférent, mieux valait donc être accompagné par un puissant personnage !

Un échange de bons procédés

Le lien qui unissait le patron à ses clients était fondé à la fois sur la **fides,** *la loyauté* (patron et client veillaient à ne pas se nuire), et sur un échange de services.

Ainsi, comme la plupart des patrons étaient aussi des hommes publics, les clients devaient, en contrepartie, donner leurs voix si leur patron se portait candidat, ne jamais oublier de dire du bien de lui en public, venir le saluer chaque matin et l'accompagner, si nécessaire, au forum. En effet, la densité de la foule entourant un citoyen ou stationnant devant sa maison était signe de puissance et, pour un homme politique romain, il n'y avait pas de meilleure publicité : plus on montrait sa puissance et sa richesse et plus on avait de crédit auprès de ses concitoyens.

Il arrivait même que les clients se transforment en hommes de main : c'est de cette façon qu'au début de la République, les patriciens intimidèrent plus d'une fois les plébéiens lors du vote des assemblées !

En haut, panier garni de dattes.
Mosaïque (IIIe s. ap. J.-C.). Musée d'El Djem, Tunisie.

Ci-contre, scène de jugement.
Fresque (Ier s. av. J.-C.). Musée des Thermes, Rome.

6 Maîtres et esclaves

Objectifs
- **lecture : lire une scène de comédie**
- **langue : identifier l'impératif présent, reconnaître le pronom relatif et la proposition relative**
- **civilisation : découvrir les conditions de vie d'un esclave**

Lecture

Le dur métier d'esclave

Plaute nous livre, dans sa comédie Pseudolus (Le Trompeur), *le portrait d'un maître, très cruel envers ses esclaves.*

BALLION Exite, agite, exite, ignavi, male habiti et male conciliati,
Quorum numquam quicquam cuiquam venit in mentem ut recte faciant,
Quibus, nisi ad hoc exemplum experior, non potest usura usurpari.
Neque ego homines magis asinos numquam vidi, ita plagis costae callent ;
Quos cum ferias, tibi plus noceas. Eo enim ingenio, hi sunt flagritribae,
Qui haec habent consilia : ubi data occasiost, rape, clepe, tene,
Harpaga, bibe, es, fuge. Hoc est
Eorum officium, ut mavelis lupos apud oves quam hos domi
Linquere custodes.
At faciem cum aspicias eorum, hau mali videntur : opera fallunt.

Plaute (254-184 av. J.-C.), *Pseudolus*, 133-142

Un prisonnier pouvait devenir esclave.
Bas-relief (IIe-IIIe s.).
Musée archéologique, Istanbul.

BALLION – *Sortez, allons ! sortez, fainéants, maudite possession, maudite acquisition, dont pas un n'a jamais eu à l'esprit d'agir correctement et avec lesquels on ne peut avoir d'autre façon d'agir qu'en s'y prenant de la sorte.* (il les bat) *Et moi je n'ai jamais vu de tels hommes ou plutôt de tels ânes, tant leurs côtes sont endurcies par les coups ; et quand on les frappe, on se fait davantage mal à soi-même. En effet, avec une telle nature, ils usent les fouets, eux qui n'ont que ces idées en tête : dès que l'occasion se présente, dérobe, vole, cache, harponne, bois, mange, fuis. Voilà quel est leur service : aussi vaudrait-il mieux laisser comme gardiens des loups dans la bergerie que de tels individus dans la maison ! Et pourtant, à voir leur visage, ils n'ont pas l'air mauvais ; mais c'est dans leur travail qu'ils vous trompent.*

Lire le texte

1. De quel genre de texte s'agit-il ? À quoi le vois-tu ?
2. Quel ton emploie Ballion avec ses esclaves ? Quels indices en français et en latin te permettent de répondre ?
3. Comment Ballion désigne-t-il ses esclaves ? Relève les mots en français et en latin.
4. Que leur reproche-t-il ?
5. Observe les verbes des vers 1 et 6-7 : quel mode est le plus utilisé ? Relève les formes latines et cherche un point commun.
6. Dans la première phrase, les esclaves sont caractérisés par deux relatives. Repère les pronoms relatifs latins. Trouves-en deux autres dans la suite du texte et précise leur cas.
7. Apprends ce texte latin par cœur et joue-le, avec des camarades qui feront les esclaves.

Les esclaves pouvaient exercer des métiers très variés - ici, l'esclave Myro est serviteur.
Mosaïque (IIIe s.).
Musée du Bardo, Tunis.

Étymo logie

LES TROUVAILLES D'ETYMON

Dans ce chapitre, deux classes sociales s'opposent : celle du *maître* (**dominus**) et celle de l'*esclave* (**servus**).
Le nom latin *maître* vient de la racine **dom**, qui le rattache à la *maison* (**domus**). C'est ainsi que l'on retrouve un lointain descendant de l'esclave, le *domestique*, dont le sort, heureusement, est bien plus doux. Le *maître* possède donc un *domaine*, qu'il *domine* du haut de son *donjon*, où il habite avec sa *dame* et sa fille, la *demoiselle*. Il est préférable de ne pas tomber sous la *domination* du maître afin d'éviter de se mettre en *danger* (autrefois **dongier**). L'esclave, de son côté, avait pour mission première de garder (racine **serv**) les troupeaux. Le latin **servus** s'est transformé en *serf*, en France, au Moyen Âge. Pour parvenir au nom français actuel *esclave*, le latin a fait un détour par les **Slaves** des Balkans, dont une partie de la population a été réduite en *esclavage*.

LES DEVINETTES D'ETYMON

En t'aidant des définitions, trouve des mots français issus de la racine ***serv*** :

a) *Regarder avec attention.*
b) *Maintenir en bon état.*
c) *Apporter les plats dans un restaurant.*
d) *Pièce de linge dont on se sert à table ou pour la toilette.*

L'impératif présent

	1re	2e	3e	3e mixte	4e		
	amare *aimer*	tenere *tenir*	agere *faire*	rapere *piller*	audire *entendre*	esse *être*	ire *aller*
2e pers. sg.	ama	tene	age	rape	audi	es	i
2e pers. pl.	amate	tenete	agite	rapite	audite	este	ite

- L'impératif présent n'a pas de désinence à la 2e personne du singulier.
- À la 2e personne du pluriel, on ajoute la désinence **-te** au radical.

Remarque : 4 impératifs singuliers sont à retenir : **dic** *(dis)*, **duc** *(conduis)*, **fac** *(fais)*, **fer** *(porte)*.

Le pronom relatif et la proposition subordonnée relative

1. Déclinaison

Singulier				*Pluriel*			
	masculin	féminin	neutre		masculin	féminin	neutre
N.	qui	quae	quod	N.	qui	quae	quae
Ac.	quem	quam	quod	Ac.	quos	quas	quae
G.	cujus	cujus	cujus	G.	quorum	quarum	quorum
D.	cui	cui	cui	D.	quibus	quibus	quibus
Ab.	quo	qua	quo	Ab.	quibus	quibus	quibus

Remarque : le génitif en **-jus** et le datif en **-i** sont propres aux pronoms.

2. Emploi

- Le pronom relatif s'accorde en **genre** et en **nombre** avec son antécédent :
  - Servus [**qui** domi est] laborat : *L'esclave [**qui** est à la maison] travaille.*
  - Ancilla [**quae** domi est] laborat.
    *La servante [**qui** est à la maison] travaille.*

- Le pronom relatif se met au **cas** voulu par sa **fonction** dans la relative :
  - Servus [**quem** video] laborat. (**quem** *à l'Ac. est COD de* **video**)
    *L'esclave [**que** je vois] travaille.*

Remarque : l'antécédent n'est pas toujours exprimé :
- **Qui** bene amat, bene castigat *(Celui)* ***qui*** *aime bien châtie bien.*

1 Voici des verbes conjugués au présent de l'indicatif. Transpose-les à l'impératif en gardant la même personne et traduis-les.

1. exis – 2. agitis – 3. venis – 4. fers – 5. mones – 6. estis – 7. facis – 8. ducitis – 9. audis – 10. capis – 11. amatis – 12. fugis

2 Voici une inscription funéraire. Relève les deux impératifs. Qui donne un ordre ? À qui ? Dans quel but ? Remplace « tu qui... » par « vos qui... » *(vous qui...)* et effectue les transformations nécessaires.

« Tu qui secura procedis mente, parumper siste gradum quaeso verbaque pauca lege. »
« Toi qui t'avances l'esprit tranquille, arrête un instant de marcher, je te prie, et lis ces quelques mots. »

3 Traduis ces expressions et donne le genre, le nombre et le cas du pronom relatif.

1. Vir qui exit.
2. Urbs quam vidi.
3. Templum quod video.
4. Servus cui pecuniam do.
5. Fera cujus ira magna est.
6. Milites quorum dux in foro est.

4 Complète ces expressions avec le pronom relatif qui convient.

1. Custos ...... te videt. *Le gardien qui te voit.*
2. Vita ...... agis. *La vie que tu mènes.*
3. Consilium ...... habes. *L'intention que tu as.*
4. Plagae ...... accepit. *Les coups qu'il a reçus.*
5. Amici ...... pecuniam dedi. *Les amis auxquels j'ai donné de l'argent.*
6. Villa in ...... servi laborant. *Une ferme dans laquelle les esclaves travaillent.*
7. Servi ...... hoc officium est. *Les esclaves dont ceci est le devoir.*

5 Traduis ces phrases.

1. Servi quos Ballio habet numquam laborant.
2. Dominus cui servi parent saevus *(cruel)* est.
3. Servus cujus dominus Ballio est plagas accipit.
4. Servus, qui mala consilia habet, rapit et fugit.
5. Qui servus fuit, opera nunc libertus est.
6. Servi qui domi sunt miseram vitam agunt.
7. Dominus quos servi servant numquam bonus est.
8. Domini quibus servi parent non semper mali sunt.

Vocabulaire à retenir

Noms

custos, odis, m. : ***le gardien***
consilium, ii, n. : ***la décision ; l'intention***
libertus, i, m. : ***l'affranchi***
officium, ii, n. : ***le devoir***
opera, ae, f. : ***le travail***
plaga, ae, f. : ***le coup, la blessure***

Mot invariable

numquam : ***ne... jamais***

Verbes

accipio, is, ere, cepi, ceptum : ***recevoir***
ago, is, ere, egi, actum : ***faire, mener***
exeo, is, ire, ii, itum : ***sortir***
fugio, is, ere, fugi, fugitum : ***fuir***
pareo, es, ere, parui, paritum : ***obéir à*** (+ D.)
rapio, is, ere, rapui, raptum : ***ravir, piller***

Civilisation

Découvrir

Une fidélité partagée

Caïus Plotius Plancus est accusé d'un crime politique par les triumvirs[1] et donc poursuivi par les soldats. Il s'enfuit avec ses esclaves, afin d'éviter la peine capitale !

Les triumvirs avaient proscrit[2] [Caïus Plotius Plancus], et il se cachait dans la région de Salerne, quand le raffinement excessif de ses mœurs et l'odeur de parfum qui l'accompagnait révélèrent la cachette qui assurait sa sécurité. Car ces traces guidèrent les investigations appliquées de ceux qui poursuivaient le malheureux jusqu'au lit où il avait caché sa fuite, grâce à l'odeur qu'ils trouvaient. Ils arrêtèrent les esclaves du clandestin, les torturèrent longtemps et de diverses façons, mais ils soutenaient qu'ils ne savaient pas où était leur maître. Puis, incapable de supporter que des esclaves si fidèles et capables d'une conduite si exemplaire fussent torturés plus longtemps, Plancus s'avança au milieu d'eux, et offrit son cou aux armes des soldats. Cette compétition dans une bienveillance réciproque fait qu'il est difficile de décider si le maître a particulièrement mérité de voir la fidélité de ses esclaves se manifester avec tant de constance, ou les esclaves de trouver dans la pitié si juste de leur maître ce qui les délivrait de la cruauté de l'interrogatoire.

Valère Maxime, *Faits et dits mémorables*, VI, 8, 5
traduction R. Combès, © Les Belles Lettres

Notes

1. magistrat romain - **2.** condamner sans jugement

Questions

1 Grâce à quel indice les poursuivants de Plancus le repèrent-ils ? Que penses-tu de cette trace ?

2 Quel moyen utilisent ensuite les soldats pour savoir où est caché Plancus ?

3 Que fait finalement le fuyard ? Pourquoi ? De quel sentiment fait-il preuve ? Est-ce habituel, à ton avis, pour un maître ?

Scène représentant les mauvais traitements infligés aux esclaves. Mosaïque (IIIe - IVe s. ap. J.-C.). Villa Piazza Armerina, Sicile.

Lire l'image

1 À ton avis, à quelle catégorie sociale appartient chaque personnage ? À quoi le vois-tu ? (attitude, expression, vêtements)

2 Auquel des deux textes du chapitre cette image te fait-elle penser ? Pourquoi ?

3 Compare cette illustration à celle de l'ouverture de séquence : quels points

Un esclavage aux multiples visages

Tout Romain se devait d'avoir un esclave. Il fallait être dans la plus extrême pauvreté pour se résoudre à s'en passer. Un citoyen se trouvait plus nu sans esclave que sans toge !

Comment devient-on esclave ?

● Même si l'esclavage reste héréditaire, un individu peut devenir esclave dans d'autres circonstances : il peut être fait prisonnier lors d'une guerre de conquête ou par des pirates lors d'un voyage en bateau.

● Mais il peut aussi se retrouver au service de celui à qui il doit de l'argent s'il lui est impossible de rembourser ses dettes.

Des tâches ingrates

● Si certains esclaves ont plus de chance que d'autres, leur condition n'en demeure pas moins insupportable.

● À la campagne, dans les fermes ou au fond des mines, ils font tous les travaux épuisants, sans repos et en étant très mal nourris. Pour éviter qu'ils ne s'échappent, on leur lie les chevilles et parfois même les poignets, avec des chaînes. Ils passent leurs nuits dans des cachots.

Esclave récoltant des olives. Mosaïque. Musée du Bardo, Tunis

Jeune esclave. Statue en marbre noir (fin IIe s.). Musée du Louvre, Paris.

● Dans les villes, cependant, leur situation semble meilleure. Les chaînes disparaissent au profit du fouet ou du bâton !

● Leurs métiers varient aussi : enseignant, cuisinier ou courtisane. Là encore de grandes différences existent : des esclaves sont battus à mort par leurs maîtres, d'autres sont traités presque avec amitié.

Des esclaves en révolte

● Subissant ces traitements dégradants, voire inhumains, certains ont lutté et se sont révoltés. Par exemple, en Sicile, en 140 avant J.-C., un certain Eunous fonde, avec 200 000 esclaves évadés, un royaume indépendant. Ils résisteront sept ans.

● Mais la révolte la plus célèbre reste celle qu'initie le gladiateur thrace Spartacus en 73 avant J.-C. Il s'évade de son école de gladiateurs avec des camarades et entraîne environ 100 000 hommes jusqu'aux portes de Rome. Il faudra deux ans et de nombreuses légions pour en venir à bout.

Un pas vers la liberté

● Les esclaves ont tout de même une chance de sortir de cette situation grâce à l'**affranchissement**.

● Le maître peut libérer un esclave de son joug, par générosité, en remerciement d'une grande dévotion, à sa mort dans son testament, ou contre de l'argent.

● Celui-ci devient alors un **affranchi**. Il n'est pas citoyen à part entière, mais peut cependant exercer un métier pour gagner sa propre vie et devenir maître de son destin.

Bilan de la séquence 3

Étymologie

1 L'esclave le plus à plaindre est celui qui devait travailler à la *campagne* (**rus, ruris**), dans les *champs* (**ager, agri** ou **campus, i**).

Complète les phrases suivantes avec des mots de la même famille que ces trois noms latins.

a. Face à l'urbanisation croissante, on peut préférer un mode de vie plus ...
b. Attention, dans les bois, à ne pas ramasser certains ... mortels comme l'amanite phalloïde.
c. Ce week-end, nous allons ... ! Je me suis acheté une nouvelle tente.
d. Depuis l'invention des tracteurs, les domaines ... n'ont cessé de s'agrandir.
e. En battant le Brésil, en 1998 l'équipe de France de football est devenue ... du monde.

2 Les rapports à l'autre (**alter**) étaient très codifiés chez les Romains, comme entre patron et client ou esclave et maître.

Quels mots français descendant de **alter** correspondent aux définitions suivantes ?

a. pense aux autres avant lui
b. boire
c. exécuter deux actions l'une après l'autre
d. dispute entre plusieurs personnes
e. infidèle dans un mariage

Langue

1 Traduis ces expressions latines qui comportent toutes des participes parfaits. Une seule est un ablatif absolu : laquelle ?

1. terra cognita - 2. verba volant, scripta manent.
3. aperto libro - 4. bis repetita placent

2 Que signifie ces expressions ? Quel est leur point commun ?

1. Cave canem ! - 2. Carpe diem ! - 3. Salve ! –
4. Vade retro ! - 5. Festina lente ! - 6. Valete !

Esclave noir.
Sculpture en ronde bosse (753-476 av. J.-C.).
Musée Dehon, Chalon-sur-Saône.

Civilisation

1 Retrouve verticalement le nom d'un grand auteur de comédies latin .

1. il protège les plus modestes en échange d'une voix
2. esclave libéré
3. punition que risque un esclave maladroit
4. esclave
5. ceux que défend le patron
6. Ô maître !

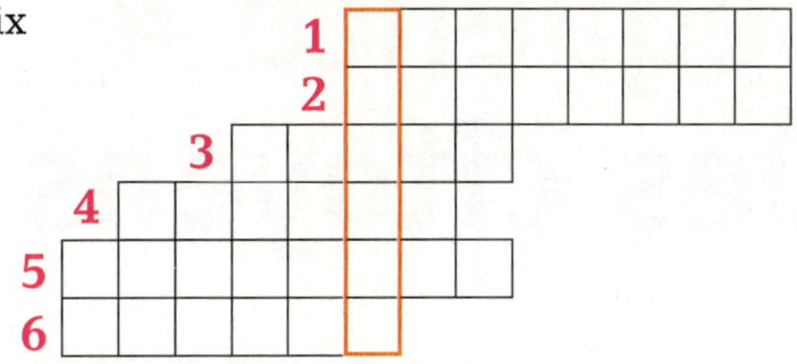

2 Voici une liste de métiers : quels sont ceux qu'un esclave n'aurait pas pu exercer à Rome ? Pourquoi ?

- pêcheur
- général
- masseur
- cuisinier
- palefrenier
- philosophe
- juge
- édile
- secrétaire
- soldat

Esclaves foulant le raisin.
Mosaïque.
Espagne.

Un groupe de soldats près d'un temple.
Mosaïque (v. 80 av. J.-C.).
Musée Prenestrino Barberiniano, Palestrina.

Séquence 4
Des citoyens en armes

De quoi se compose l'équipement des soldats représentés sur cette mosaïque ?
Que représentent les dessins que l'on voit sur certains boucliers ?
Devant quelle sorte de bâtiment se trouvent-ils ?

7 Le quotidien du soldat romain

Objectifs
- lecture : lire la description d'une préparation au combat
- langue : reconnaître l'imparfait, et le plus-que-parfait
- civilisation : découvrir la vie du citoyen-soldat

Lecture

Des soldats aux champs

Au Ier siècle avant J.-C., Jules César emmena ses légions conquérir la Gaule. Une fois en territoire ennemi, il arrivait que les Romains, malgré leur expérience, se laissent surprendre…

Caesari omnia uno tempore erant agenda : vexillum proponendum, quod erat insigne, cum ad arma concurri oporteret ; signum tuba dandum ; ab opere revocandi milites ; qui paulo longius aggeris petendi causa processerant, arcessendi ; acies instruenda ; milites cohortandi ; signum dandum. **Quarum rerum magnam partem temporis brevitas et successus hostium impediebat.** His difficultatibus duae res erant subsidio, scientia atque usus militum, quod, superioribus proeliis exercitati, quid fieri oporteret non minus commode ipsi sibi praescribere quam ab aliis doceri poterant, et quod ab opere singulisque legionibus singulos legatos Caesar discedere nisi munitis castris vetuerat.

César avait tout à faire à la fois : il fallait faire arborer l'étendard, qui était le signal de l'alerte, faire sonner la trompette, rappeler les soldats du travail, envoyer chercher ceux qui s'étaient avancés à une certaine distance pour chercher de quoi construire le remblai, ranger les troupes en bataille, les haranguer, donner le signal de l'attaque.

Dans cette situation critique, deux choses aidaient César : d'une part l'instruction et l'entraînement des soldats, qui, exercés par les combats précédents, pouvaient aussi bien se dicter à eux-mêmes la conduite à suivre que l'apprendre d'autrui ; d'autre part, l'ordre qu'il avait donné aux légats de ne pas quitter le travail et de rester chacun avec sa légion, tant que le camp ne serait pas achevé.*

Jules César (100 ou 101-44 av. J.-C.),
Guerre des Gaules, II, 20
traduction L.-A. Constans, © Les Belles Lettres

Note

* officiers supérieurs

Aide à la traduction

quarum rerum : expression au génitif pluriel à traduire par *de ces mesures*
brevitas, atis, f : *le peu de temps*
successus, us, m : *une arrivée*
impedio, is, ire, ivi, itum : *empêcher*

Jules César emmenant ses légions conquérir la Gaule.
Peinture d'Henry Groux (fin XIXe s.).
Galerie d'Art moderne, Florence.

Lire le texte

Une arrivée imprévue

1 **a)** Repère le verbe conjugué de la phrase en gras : à quel temps est-il ? Pour t'aider, observe le temps des verbes de la traduction.
b) Traduis cette phrase.

2 À quoi les Romains ne s'attendaient-ils pas ?

3 D'après ce que tu viens de traduire, qu'est-ce qui leur manque le plus ?

4 Compare l'auteur de ce texte, le général dont il est question et le narrateur qui raconte l'histoire : qu'y a-t-il de surprenant ?

Un général débordé

5 Quel procédé stylistique souligne l'embarras du général ? Quel autre aspect de la situation ce procédé met-il également en valeur ?

6 Qu'est-ce qui, malgré tout, permet à César de ne pas céder à l'affolement ?

Une armée bien entraînée

7 Relève en français et en latin les expressions qui soulignent l'expérience des soldats : quelle qualité leur confère-t-elle ?

8 Que faisaient les soldats avant l'attaque ? Qu'est-ce qui les rendait vulnérables ?

9 Repère la traduction de la proposition **« qui paulo longius aggeris petendi causa processerant »** (l. 5-6). **a)** À quel temps le verbe français est-il conjugué ? **b)** Décompose le verbe **processerant** : que remarques-tu sur la formation de ce temps en latin ?

Soldats romains. Détail du socle d'une colonne.
Relief en marbre (2,47 m x 3,38 m)
Musée du Vatican, Rome.

Étymo logie

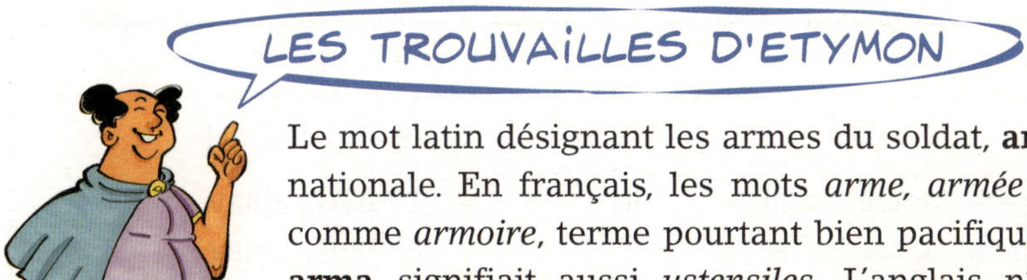

Le mot latin désignant les armes du soldat, **arma**, a une descendance internationale. En français, les mots *arme, armée* et *armure* en sont issus, tout comme *armoire*, terme pourtant bien pacifique qui doit son sens au fait que **arma** signifiait aussi *ustensiles*. L'anglais n'est pas en reste puisqu'il a emprunté au français **army** *(armée)*, **armour** *(armure)*, et même **alarm** qui provient en réalité d'une expression italienne : **all'arma**, « *Aux armes !* ». Quant à **arm**, l'anglais en possède deux : l'un signifie *arme* et descend de **arma**, mais l'autre désigne le *bras* et est d'origine germanique.

L'imparfait (actif et passif)

1. Valeur

• L'imparfait est un temps du passé qui, contrairement au parfait, s'emploie dans les descriptions. Il exprime la durée ou la répétition.

Caesarem hostes impediebant. *Les ennemis gênaient César.*

2. Formation

a. Le suffixe -ba-

• Au radical du **présent** s'ajoutent le suffixe -ba ou -eba ainsi que les désinences actives ou passives.

Actif		*Passif*	
singulier	pluriel	singulier	pluriel
j'aimais		*j'étais aimé(e)*	
1re pers. **ama** ba m	1re pers. **ama** ba mus	1re pers. **ama** ba r	1re pers. **ama** ba mus
2e pers. **ama** ba s	2e pers. **ama** ba tis	2e pers. **ama** ba ris	2e pers. **ama** ba mini
3e pers. **ama** ba t	3e pers. **ama** ba nt	3e pers. **ama** ba tur	3e pers. **ama** ba ntur

→ Tableaux p. 203 et 204

Actif : **mone**bam… ; **duce**bam… ; **capi**ebam… ; **audi**ebam…
Passif : **mone**bar… ; **duce**bar… ; **capi**ebar… ; **audi**ebar…

Remarque : l'imparfait de **ire** est ibam : *j'allais*

b. Le suffixe (-a-)

• Il ne se trouve que dans l'imparfait de ESSE et de ses composés :

ESSE : **er**am **er**as **er**at **er**amus **er**atis **er**ant

Le plus-que-parfait (actif)

1. Valeur

• Il exprime une antériorité par rapport à un verbe passé.

Arcessebat qui processerant .
Il rappelait ceux qui s'étaient avancés.

2. Formation

• Au radical du **parfait** s'ajoutent le suffixe -era et les désinences actives.

Actif	
singulier	pluriel
1re pers. **amav** era m	1re pers. **amav** era mus
2e pers. **amav** era s	2e pers. **amav** era tis
3e pers. **amav** era t	3e pers. **amav** era nt

monueram… ; **dux**eram… ; **cep**eram… ; **audiv**eram…

❶ Traduis ces verbes.

1. agebat – 2. accipiebar – 3. exibant – 4. parabam – 5. rapiebantur – 6. vivebas – 7. cedebant
8. laborabamus

❷ Traduis ces séries de verbes en faisant attention aux temps.

1. discedo – discedebam – discessi – discesseram
2. parabamus – paravimus – paraveramus – paramus
3. potes – potuisti – potueras – poteras
4. it – iverat – ibat – ivit

❸ Traduis ces verbes et transpose-les de l'actif au passif ou inversement.

1. accipiebas – 2. rapiebat – 3. mittebamini – 4. exercebamur – 5. ferebant – 6. audiebar.

❹ Traduis ces phrases puis transpose-les à l'imparfait et au plus-que-parfait.

1. Caesar tuba signum dat.
2. Milites ad arma concurrunt.
3. Caesar milites ab opere revocat.
4. Legiones cum hostibus proelium committunt.
5. Legati in castris sunt.
6. Romani bellum parant.

❺ Conjugue les verbes entre parenthèses à l'imparfait ou au plus-que-parfait en t'aidant de la traduction.

Caesar omnia uno tempore (agere) : vexillum (proponere), signum tuba (dare), milites ab opere (revocare), qui paulo longius (procedere) (arcessere), acies (instruere), signum (dare).

*César **faisait** tout à la fois : il **faisait arborer** l'étendard, sonner la trompette, **rappelait** les soldats du travail, **envoyait chercher** ceux qui **s'étaient avancés** un peu trop loin, **rangeait** les troupes en bataille, **donnait** le signal de l'attaque.*

❻ En complétant la grille, tu trouveras le nom d'un expert en art militaire !

1. formation de combat
2. elles composent les armées
3. il est la base de l'armée
4. on l'attend pour attaquer
5. il doit être bien construit
6. elles sont d'attaque

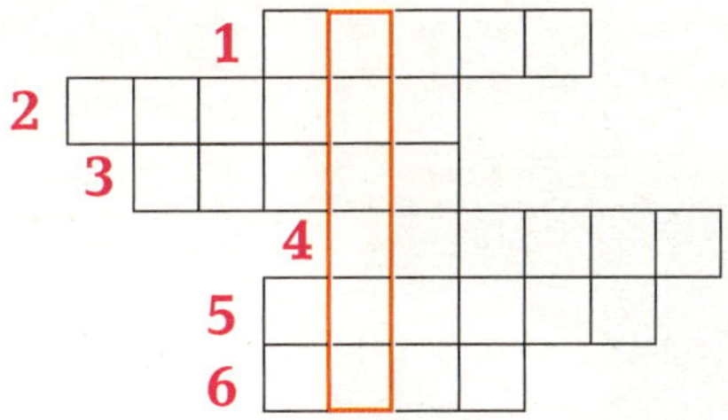

Vocabulaire à retenir

Noms

acies, ei, f. : ***la ligne de bataille***
arma, orum, n. pl. : ***les armes***
bellum, i, n. : ***la guerre***
castra, orum, n. pl. : ***le camp***
copiae, arum, f. pl. : ***les troupes***
legatus, i, m. : ***le légat, le lieutenant***
opus, eris, n. : ***le travail***
proelium, ii, n. : ***le combat***
signum, i, n. : ***le signal***
tuba, ae, f. : ***la trompette***

Verbes

committo, is, ere, misi, missum : ***engager*** *(le combat)*
concurro, is, ere, curri, cursum : ***courir***
discedo, is, ere, cessi, cessum : ***s'éloigner***
instruo, is, ere, struxi, structum : ***ranger***
paro, as, are, avi, atum : ***préparer***
procedo, is, ere, cessi, cessum : ***s'avancer***
revoco, as, are, avi, atum : ***rappeler***

Civilisation

Découvrir

Un vrai camp de vacances !

L'hiver, les combats s'interrompent et les légions qui opèrent loin de Rome s'installent dans des camps fortifiés et attendent le retour des beaux jours. Mais, quand le général n'est pas à la hauteur, la discipline se relâche !

Albinus [...] avait maintenu les troupes dans le camp permanent, tant que les mauvaises odeurs et la pénurie de fourrage ne l'avaient pas obligé à changer de place. Mais ce camp était dépourvu de moyens de défense, et on n'y plaçait pas, comme d'ordinaire dans les camps, de sentinelles : chacun, à sa fantaisie, s'éloignait des drapeaux ; les valets d'écurie, mêlés aux soldats, circulaient partout jour et nuit ; dans leurs vagabondages, ils pillaient les campagnes, cambriolaient les maisons, s'emparaient à qui mieux mieux des troupeaux et des esclaves, et les échangeaient avec des marchands contre des vins étrangers et d'autres articles, vendaient le blé distribué par l'État, et se procuraient leur pain au jour le jour ; bref, tout ce qu'on peut dire et imaginer en fait de laisser-aller et d'abandon se rencontrait dans cette armée, et bien d'autres choses encore.

Salluste (86-35 av. J.-C.), *Guerre de Jugurtha*, 44
traduction F. Richard

Stèle funéraire de Marcus Caelius, un centurion romain (Ier s. ap. J.-C.). Rhénanie.

Questions

1. Les soldats sont indisciplinés : mais quels autres méfaits commettent-ils ?
2. Relève toutes les informations que t'apporte ce texte sur la vie quotidienne de l'armée romaine.

Lire l'image

1. S'agit-il d'une fresque, d'un bas-relief ou d'une statue ?
2. Décris précisément ce que tu vois sur la cuirasse de ce soldat.
3. Que porte-t-il sous sa cuirasse ?
4. Que tient-il à la main ?
5. À ton avis, qui sont les deux hommes que l'on voit de part et d'autre de Caelius ?

Une armée de citoyens

Jusqu'à la fin de la République, il n'y a pas, à Rome, d'armée de métier. Ainsi, quand une guerre éclate, le citoyen romain doit se transformer en soldat.

Le temps du service

Quand les beaux jours reviennent et, avec eux, la saison de la guerre (de mars à octobre), tous les citoyens âgés de 17 à 60 ans peuvent être appelés à combattre.

Seuls sont dispensés les hommes qui ont déjà effectué leur temps de service (16 années pour les fantassins et 10 pour les cavaliers), et les plus pauvres que l'on enrôle en cas de crise grave. À l'origine, en effet, chaque citoyen doit fournir son équipement militaire. Il faut donc disposer d'un minimum de revenus pour pouvoir porter les armes. C'est pourquoi les plus démunis ne sont pas mobilisables. En contrepartie, ils sont ceux dont le vote compte le moins dans les assemblées.

Cavalier. Détail d'un haut-relief (milieu du Ier s. av. J.-C.). Musée archéologique, Istanbul.

Scènes de combats. Bas-relief (IIe s. av. J.-C.). Musée archéologique, Aquilée.

Un tremplin social ?

Accomplir son temps de service est une obligation absolue. Tout homme qui s'y refuse perd sa qualité de citoyen et est vendu comme esclave.

Toutefois, les guerres sont parfois l'occasion pour un citoyen d'accroître sa réputation (grâce à des actions d'éclat) et surtout de rapporter une part de butin et même un lopin de terre : sa vie peut s'en trouver transformée.

Malheureusement, la fréquence des conflits et leur durée ont eu aussi des conséquences fâcheuses : bon nombre de citoyens, tenus éloignés de leur ferme ou de leur boutique par la guerre, ont fini par se retrouver ruinés !

Le quotidien du soldat

Une fois choisi parmi tous les hommes mobilisables, le citoyen doit prêter serment. C'est ce **sacramentum** qui le transforme véritablement en soldat : il l'autorise à tuer et le lie, jusqu'à la mort ou la fin de la guerre, au magistrat qui commande l'armée.

À partir de cet instant, la vie de ce citoyen-soldat est rythmée par les exercices militaires, les longues marches quotidiennes (de 15 à 30 km), la construction du camp qui, chaque soir, protège l'armée en campagne, les épuisants tours de garde et, bien entendu, les combats où le fracas des armes succède brutalement à l'interminable déploiement des deux armées ennemies (il faut en effet plusieurs heures à chacune pour se mettre en place).

À cela, il faut ajouter la rigueur de la discipline : s'endormir pendant sa garde, abandonner son poste au combat ou, au contraire, attaquer l'ennemi sans ordre sont des fautes que l'on punit de mort !

8 Au bon plaisir des vainqueurs

Objectifs
- lecture : lire un dialogue inséré dans un récit
- langue : repérer la proposition infinitive, reconnaître les pronoms personnels et les adjectifs possessifs
- civilisation : découvrir les conquêtes de Rome

Lecture

De la manière d'amadouer son adversaire

Après une victoire sur les Celtibères (peuple d'Espagne), Scipion découvre parmi les prisonnières une femme particulièrement belle. Il apprend qu'elle est fiancée à un prince de la région, Allucius. Scipion profite alors de l'occasion. Il fait venir le jeune homme et lui tient ce discours.

« Fuit sponsa tua apud me eadem qua apud soceros tuos parentesque suos verecundia ; servata tibi est, ut inviolatum et dignum me teque dari tibi donum posset. Hanc mercedem unam pro eo munere paciscor : amicus populo Romano sis et, si me virum bonum credis esse quales patrem patruumque meum jam ante hae gentes norant, scias multos nostri similes in civitate Romana esse, nec ullum in terris hodie populum dici posse quem minus tibi hostem tuisque esse velis aut amicum malis. » Adulescens, simul pudore et gaudio perfusus, dextram Scipionis tenens deos omnes invocare ad gratiam illi pro se referendam, quoniam sibi nequaquam satis facultatis pro suo animo atque illius erga se merito esset.

Tite-Live (59 av. J.-C.-17 ap. J.-C.), *Histoire romaine*, XXVI, L, 6-9
traduction P. Jal,

« Ta fiancée a été chez moi l'objet du même respect que chez tes beaux-parents, ses propres parents ; elle t'a été gardée pour que le don qui t'est fait pût être intact et digne de moi et de toi. Voici le seul prix que je fixe à ce présent : sois l'ami du peuple romain, et, si tu crois que je suis un homme de bien comme l'étaient mon père et mon oncle que les peuples d'ici connaissaient déjà auparavant, sache qu'il y a dans la ville de Rome beaucoup d'hommes semblables à nous, et qu'on ne peut citer aujourd'hui de peuple sur terre que tu voudrais moins avoir comme ennemi pour toi et pour les tiens ou dont tu préférerais être l'ami. »
Le jeune homme, éperdu à la fois de confusion et de joie, prit la main de Scipion et demanda à tous les dieux de payer pour lui la dette de sa reconnaissance envers ce dernier ; il n'avait pas, pour sa part, les moyens de le faire à proportion de ses sentiments et des mérites de Scipion à son égard.

Scipion l'Africain. Buste en marbre.
Musée du Capitole, Rome.

Lire le texte

1. Lis le discours de Scipion : que cherche-t-il à obtenir du jeune homme ? Quels arguments avance-t-il ? Qu'en penses-tu ?

2. Relève tous les mots ou expressions par lesquels Scipion insiste sur le respect qui a été montré à la fiancée d'Allucius.

3. Scipion obtient-il ce qu'il attendait ?

4. Quelle image veut-il laisser aux vaincus ? Y parvient-il, à ton avis ?

5. Observe les phrases soulignées. À quels mode et temps est le verbe « être » en latin ? Comment est-il traduit en français ?

Général victorieux recevant ses prisonniers.
Haut-relief.
Musée du Capitole, Rome.

Étymo logie

LES TROUVAILLES D'ETYMON

Scipion semble se montrer généreux lorsqu'il fait ce présent, ce *don* (**donum**) à Allucius. Tout comme la racine **do/da** (parfois **de** ou **di**), liée à l'idée de *donner*, et qui possède en français une famille nombreuse. Ceci, grâce au travail discret, mais efficace, des préfixes : **re-** *(en arrière)*, **par-/per-** *(à travers, tout à fait)* et **tra-/trans-** *(au-delà)*, entre autres.

Lorsqu'un père romain marie sa fille, il doit donner à son futur gendre une *dot*, un cadeau pour le remercier de s'occuper dorénavant de son enfant. Et même si une dispute survient entre les familles, pas question de *rendre* (**reddere**) quoi que ce soit.

Si un ami est injuste, on saura peut-être lui *pardonner*. Mais prudence, car la *trahison* n'est pas loin : il suffit de passer de l'autre côté, dans l'autre camp (**tradere**) et l'on devient un *traître*. Et vos amis retirent la confiance qu'ils avaient mise en vous : vous les avez *perdus* (**perdere**).

LES DEVINETTES D'ETYMON

1. Complète les phrases suivantes avec des mots issus de la racine ***do/da*** :

a) *Cet homme a fait, dans son testament, un .... de 50 000 euros à une œuvre de bienfaisance. Quelle générosité !*
b) *Si 25 – 5 est une soustraction, 25 + 5 est une ....*
c) *Ce navire est en train de couler : il est en ....*
d) *Pour faire publier un livre, il faut envoyer son manuscrit à un ....*

2. Cherche des mots français qui utilisent les préfixes ***re-***, ***par-/per-*** **et** ***tra-/trans-***, donnes-en une définition, puis utilise-les dans des exemples de ton invention.

La proposition infinitive

• Après un verbe signifiant *dire* (**dico**), *croire* (**credo**), *savoir* (**scio**)…, on rencontre en latin une proposition infinitive qui n'est introduite par aucun mot de subordination.

• Son verbe est à l'**infinitif** et son sujet, toujours exprimé, est à l'**accusatif** (de même que l'attribut du sujet) :

- Credis // **me** bonum virum **esse.**
  Tu crois que je suis un homme de bien.

• On trouve des infinitifs **présents** ou **parfaits** selon que l'action de la subordonnée se passe **en même temps** ou **avant** celle de la principale. Leurs traductions varient donc selon le temps du verbe principal :

- Credis // **me** bonum virum **fuisse**.
  Tu crois que j'étais un homme de bien.
- Credebas // **me** bonum virum **esse**.
  Tu croyais que j'étais un homme de bien.

Les pronoms personnels et les adjectifs possessifs

1. Les pronoms personnels

		1re pers.	2e pers.	3e pers.
Singulier				
	N.	ego	tu	
	Ac.	me	te	se
	G.	mei	tui	sui
	D.	mihi	tibi	sibi
	Ab.	me	te	se
Pluriel				
	N.	nos	vos	
	Ac.	nos	vos	se
	G.	nostrum	vestrum	sui
	D.	nobis	vobis	sibi
	Ab.	nobis	vobis	se

2. Les adjectifs possessifs

• Ils suivent la déclinaison de **bonus, a, um** (→ p. 50) :

ego → meus, a, um : *mon, ma…*
tu → tuus, a, um : *ton, ta…*
nos → noster, tra, trum : *notre…*
vos → vester, tra, trum : *votre…*
se → suus, a, um : *son, sa, leur…*

1 Recherche le sens de ces verbes et indique ceux qui peuvent se construire avec une proposition infinitive.

1. venio – 2. respondeo – 3. do – 4. puto – 5. vivo – 6. dico – 7. nescio – 8. cogito – 9. habeo – 10. jubeo

2 Traduis ces phrases après avoir isolé le verbe introducteur et souligné l'infinitif et son sujet à l'accusatif :

Credis me virum bonum esse. → **Credis // me virum bonum esse.**

1. Scipio jubet adulescentem ad se venire.
2. Scit adulescentem sponsam suam amare.
3. Putamus vos amicos esse.
4. Adulescens dicit se Scipioni gratiam habere.

3 Relie le verbe principal à la proposition subordonnée infinitive de ton choix et traduis les phrases obtenues. Attention à la concordance des temps !

Verbe principal	Proposition infinitive
Dicebam •	• patrem meum bonum virum fuisse.
Scitis •	• donum dignum esse.
Putabas •	• me puellam amare.
Respondeo •	• nos amicos habuisse.

4 Complète ces phrases avec le pronom personnel ou l'adjectif possessif qui convient en le mettant au cas voulu. Aide-toi de la traduction !

1. Sponsam … ad … duxerunt.	*Ils ont conduit ta fiancée auprès de moi.*
2. Sponsa … apud … servata est.	*Ma fiancée a été gardée chez toi.*
3. Scipio … donum … dat.	*Scipion me donne son cadeau.*
4. Donum … et … dignum est.	*C'est un cadeau digne de toi et moi.*
5. Non sum hostis … neque populo …	*Je ne suis pas un ennemi pour toi ni pour ton peuple.*

5 Traduis ces propositions indépendantes et transforme-les en propositions infinitives dépendant de DICO.

1. Tu sponsam tuam amas.
2. Ego sponsam tuam servavi.
3. Puella dignum me teque donum est.
4. Tu amicus populo Romano esse potes.
5. Multi cives in civitate Romana boni erant.

Vocabulaire à retenir

Noms

adulescens, ntis, m. : ***le jeune homme***
amicus, i, m. : ***l'ami***
donum, i, n. : ***le cadeau***
sponsa, ae, f. : ***la fiancée***

Verbes

cogito, as, are, avi, atum : ***penser***
credo, is, ere, credidi, creditum : ***croire***
dico, is, ere, dixi, dictum : ***dire***
jubeo, es, ere, jussi, jussum : ***ordonner***
puto, as, are, avi, atum : ***penser***
respondeo, es, ere, pondi, ponsum : ***répondre***
scio, is, ire, ivi (ou ii), itum : ***savoir***

Adjectifs

dignus, a, um : ***digne de*** (+ Ab.)
multi, ae, a : ***nombreux***

Mots invariables

ad (+ Ac.) : ***vers, auprès de***
apud (+ Ac.) : ***chez***

Civilisation

Découvrir

Des Romains bien exigeants

Quand ils voyagent à travers les territoires conquis par Rome, les magistrats romains ne font pas toujours preuve de la générosité affichée par Scipion.

Récemment un consul est venu à Teanum Sidicinum[1]. Sa femme déclara vouloir se baigner dans les bains réservés aux hommes. Charge fut donnée au questeur[2] de Sidicinum, Marcus Marius, de faire sortir ceux qui se baignaient dans l'établissement. La femme rend compte à son mari que les bains lui ont été livrés avec retard et n'étaient pas suffisamment propres. En conséquence, un poteau fut dressé sur le forum et on y amena Marcus Marius, l'homme le plus connu de sa cité. Ses vêtements lui furent enlevés, il fut battu de verges. Les gens de Calès[3], quand ils apprirent cela, décrétèrent que personne n'avait l'intention de se servir des bains quand un magistrat romain serait dans la ville. À Ferentinum[4], pour la même raison, notre préteur fit appréhender les questeurs ; l'un se jeta à bas du mur, l'autre fut pris et battu de verges.

Aulu-Gelle, (v. 130 - v. 180) *Nuits attiques*, X, III, 3
traduction René Marache

Notes

1. ville de Campanie
2. magistrat municipal chargé de l'administration financière
3. ville de Campanie, voisine de Teanum Sidicinum
4. ville d'Étrurie

Questions

1. Quel lien unit les cités de Teanum Sidicinum, Calès et Ferentinum à Rome ?
2. Pourquoi Marcus Marius est-il battu ? Qui normalement, dans la société romaine, est susceptible de subir un tel châtiment ? Quelle est la place de Marcus Marius dans sa cité ? Est-il juste alors qu'il subisse ce traitement ?
3. Quelle est la réaction des villes voisines ?
4. Ces exemples sont-ils flatteurs pour Rome ? Quelle image en donnent-ils ?

À vos plumes

Les habitants de Teanum Sidicinum écrivent une lettre au sénat pour dénoncer les agissements du préteur.

Soldats romains offrant les têtes de deux chefs daces à l'empereur.
Détail du bas-relief de la colonne Trajane (113 ap. J.-C.).
Institut archéologique allemand, Rome.

Rome et ses conquêtes

Rome n'a pas toujours possédé un empire. Avant que son nom ne soit prononcé avec crainte et respect d'un bout à l'autre de la Méditerranée, il a fallu d'abord que les Romains s'imposent en Italie.

Et l'Italie devint romaine...

Au début du Ve siècle, alors que Rome assoit son autorité sur les cités latines qui l'entourent, l'Italie n'est encore qu'une vaste mosaïque de peuples aux langues et aux traditions souvent différentes : Étrusques, Sabins, Volsques, Èques, Samnites... On y trouve même, au sud, des cités grecques.

Guerriers samnites. Fresque (VIe s. av. J.-C.) Musée national archéologique, Naples.

Peu à peu, cependant, par une série de guerres parfois très dures, Rome finit par contrôler, en 270 avant notre ère, tous les territoires situés au sud de l'Arno (carte page de garde), le nord de l'Italie étant encore aux mains des tribus gauloises.

La loi des vainqueurs

Après sa victoire, Rome signe un traité d'alliance avec son ancien adversaire. Ce dernier voit une partie de son territoire confisqué au profit de citoyens romains qui viennent s'y installer.

Ces colonies offrent un double avantage : elles permettent à Rome de donner aux plus pauvres de ses citoyens une terre à exploiter et elles lui évitent de devoir établir des garnisons pour surveiller la région. Le vaincu doit également fournir de manière régulière un contingent de soldats et l'argent pour l'entretenir. Grâce à ce principe, Rome peut mobiliser un nombre considérable d'hommes.

En récompense de l'aide qu'ils apportent à Rome dans ses guerres, les peuples anciennement vaincus (les Romains les appellent **socii**, *alliés*) reçoivent une part du butin et des terres conquises. Mais malheur au peuple qui trahit la parole donnée : les Romains n'hésitent pas alors à tuer tous ceux qu'ils estiment responsables et à réduire une partie de la population en esclavage !

Des mauvais joueurs ?

Les Romains sont des adversaires redoutables car ils ne conçoivent pas la guerre comme les autres peuples de l'Antiquité. Ces derniers, en effet, ne combattent jamais jusqu'à la mort : l'un des deux adversaires finit par s'avouer vaincu et la défaite ne met en cause ni la liberté ni l'existence du perdant.

Or, à partir de la fin du IVe siècle, les Romains décident de changer les règles : ils refusent désormais de s'avouer vaincus, même après les pires défaites, et, au grand étonnement de leur adversaire du moment, continuent la guerre jusqu'à une victoire totale et définitive. Pour Rome, il n'y a qu'une alternative : vaincre ou disparaître !

Scène de combat opposant les Romains aux Barbares. Haut-relief. Musée national, Rome.

Bilan de la séquence 4

Étymologie

❶ Relis l'étymologie du chapitre 7 et repère les intrus dans cette liste de mots. N'hésite pas à t'aider du dictionnaire !

armure – armistice – arménien – alarme – armada – désarmant – armagnac – armateur – armoise – armée – arm – armoire – armille – armorique

❷ *Soldat* en latin se dit **miles, militis.**
Complète les phrases suivantes avec un mot issu de sa famille.

a. Depuis quelques années les jeunes garçons n'ont plus à effectuer de service …

b. Ce célèbre homme politique a organisé un meeting qui a réuni plusieurs milliers de …

c. Les pacifistes n'aiment pas les armes et sont en général …

d. Quand une troupe d'hommes armés et bien organisés ne fait pas partie de l'armée régulière, on dit qu'il s'agit d'une …

e. Pour éviter les incidents de frontière entre deux pays, il faut parfois établir entre les deux états une zone …

Langue

❶ **Mots en croix**
Complète cette grille.

1. tu préparais (**paro, as, are**)
2. je riais (**rideo, es, ere**)
3. je buvais (**bibo, is, ere**)
4. nous prenons (**sumo, is, ere**)

Une des formes de cette grille est un palindrome, c'est-à-dire un mot qui peut se lire de gauche à droite et de droite à gauche. L'as-tu trouvée ?

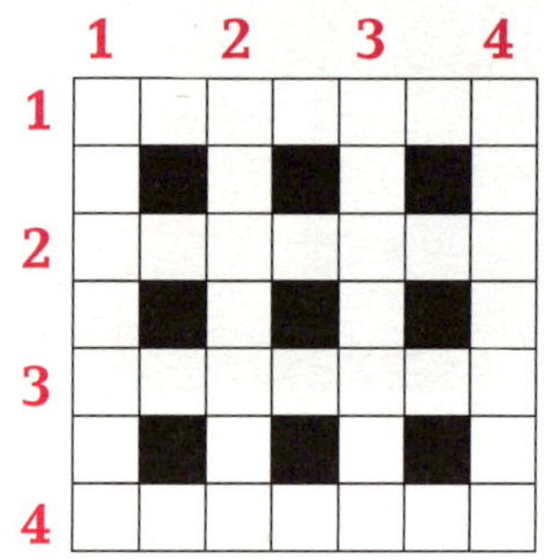

❷ Recherche dans ce tableau toutes les formes possibles des pronoms personnels et adjectifs possessifs.

S	E	V	O	S	E
E	M	O	M	E	G
V	E	S	T	R	O
T	U	M	I	H	I
E	S	I	B	I	T
N	O	B	I	S	E

Civilisation

Repère, parmi ces dessins, ceux qui représentent des soldats. Détaille leur équipement respectif, puis indique quel est le simple soldat, le centurion et l'officier.

Jacques Martin et Gilles Chaillet
Les voyages d'Alix, « Rome »
(tome 1 et 2), © Dargaud 1999

Dossier

Du côté des champs

Qu'il pratique l'élevage ou la culture des champs, qu'il soit grand ou petit propriétaire, qu'il cultive sa terre lui-même ou non, le Romain est un paysan dans l'âme.

Un peuple de paysans

Texte 1 • L'homme de bien

Nos ancêtres [...], quand ils faisaient l'éloge d'un homme de bien, leur éloge était : bon agriculteur (**agricola**) et bon cultivateur (**colonus**) ; c'était recevoir le plus grand éloge, estimait-on, que de recevoir cet éloge [...] C'est des paysans que naissent les hommes les plus forts et les soldats les plus courageux, c'est à eux que reviennent les gains les plus justes, les plus assurés et les moins sujets à l'envie, et ceux qui sont absorbés par ces soins sont les moins mal pensants.

Caton (v. 234 - v.149 av. J.-C.), *De l'agriculture*, Préface, 1-2 et 4, trad. R. Goujard. D.R.

Texte 2 • Un sénateur aux champs

Lucius Quinctius Cincinnatus, en qui Rome mettait tous ses espoirs, cultivait un champ de quatre arpents [...] C'est là que les porte-parole du sénat le trouvèrent occupé à creuser une rigole avec sa bêche ou à retourner la terre [...] Après l'échange des salutations, ils lui demandèrent de mettre sa toge pour écouter les ordres du sénat, en formant des vœux de bonheur pour lui et pour l'Etat. Etonné, Quinctius demanda à son tour si tout allait bien, puis il ordonna à sa femme Racilia d'aller chercher sa toge dans leur cahute. Il s'essuya pour retirer la poussière et la sueur et se présenta en toge : les envoyés lui donnèrent alors le titre de dictateur*, le félicitèrent et l'invitèrent à les suivre à Rome ; ils lui expliquèrent les inquiétudes qu'on éprouvait pour l'armée.

Tite-Live (v. 64 ou 59 - v.10 av. J.-C.), *Histoire romaine* III, 26,
trad. A. Flobert, © Flammarion

Note

* magistrature exceptionnelle d'une durée de 6 mois qui donnait les pleins pouvoirs

Texte 3 • Des racines paysannes

Les premiers surnoms furent aussi tirés de l'agriculture. Pilumnus fut ainsi nommé pour avoir inventé le pilon à broyer le blé ; Pison vient de *pisere*, piler ; les Fabius, les Lentulus, les Cicérons ont eu ces noms d'après l'espèce de légumes qu'ils excellaient à cultiver. Dans la famille des Junius, on nomma Bubulcus un homme qui savait très bien conduire les bœufs [...]

Le nom de l'argent même, *pecunia*, dérive de *pecus*, bétail [...].

Pline l'Ancien (23-79 ap. J.-C.), *Histoire naturelle* XVIII, 9-11
trad. Littré, © Gallimard

Texte 4 • Le rêve d'un citadin

Oui, c'était mon vœu : une étendue de champ qui ne fût pas trop grande, où il y eût un jardin, voisine de la maison, une source d'eau vive et, par dessus, un bouquet de bois. Les dieux ont fait plus large et mieux. Parfait. Je ne demande rien de plus [...]
Ô campagne, quand te reverrai-je, quand me seront permis tantôt la lecture des anciens, tantôt la sieste et le nonchaloir*, et de faire durer l'oubli savoureux d'une vie pleine de soucis ?

Horace (v. 65 - v.8 av. J.-C.), *Satires* II, VI, v. 1-4 et v. 60-63
trad. P. Maréchaux

Note
* le farniente

Pressoir à huile. Mosaïque (1re moitié du IIIe s. ap. J.-C.). Musée des Antiquités nationales, Saint-Germain-en-Laye.

Questions

Texte 1

❶ Quelles sont les qualités attachées à la condition de paysan ?

Texte 2

❷ **a.** Quelles expressions du texte suggèrent que les Romains sont dans une situation critique ?
b. En rapprochant ce qui est dit de Cincinnatus dans ce texte et les affirmations du texte 1, explique pourquoi celui-ci est l'homme de la situation.

Texte 3

❸ Comment l'auteur montre-t-il que la Rome des premiers siècles était une société de paysans ? Sur quels domaines de la connaissance s'appuie-t-il ?

Texte 4

❹ Horace, est un poète de la fin de la République.
a. À quelles activités champêtres va-t-il se livrer ?
b. Peut-on encore parler de paysan à son sujet ?

Dossier

Paysage de Toscane.

Un pays de cocagne

Texte 5 • Une terre des plus fertiles

–Agrasius : Vous qui avez parcouru tant de pays, est-ce que vous en avez vu un mieux cultivé que l'Italie ?

–Agrius : Pour moi, je ne pense pas qu'il en existe qui soit intégralement cultivé... Au contraire, qu'y a-t-il en Italie d'utile qui non seulement ne pousse mais encore ne vienne d'une qualité exceptionnelle ? Quel blé amidonnier[1] comparer à celui de la Campanie ? Quel blé poulard[2] à celui d'Apulie ? Quel vin à celui de Falerne ? Quelle huile à celle de Venafrum ? L'Italie n'est-elle planté d'arbres, au point de paraître tout entière un verger ? Est-ce que la Phrygie[3] est plus couverte de vignes, elle qu'Homère appelle « terre de vignobles » ?... En quel pays un seul jugère[4] produit-il dix à quinze **cullei**[5] de vin, autant que certaines régions d'Italie ?

Varron (v. 116 - v. 27 av. J.-C.), *Économie rurale*, II, 2, 3 et 6-7

Notes

1 et 2. espèces de blé
3. région d'Asie mineure
4. mesure équivalent à 0,25 hectare
5. un culleus est égal à 520 litres environ

Texte 6 • Paysage d'Italie

Un **lucus** est en latin une clairière entourée d'arbres, car le défrichement n'est jamais total, des sortes de haies composées d'arbres sont conservées autour de chaque champ défriché. Respect religieux et raison écologique ici se combinent avec pour résultat une protection des sols et de la faune qui n'ont pas peu contribué à la prospérité et à la beauté des campagnes italiennes. Ces haies fournissent du bois, retiennent l'eau de ruissellement, maintiennent une certaine fraîcheur et sont peuplées d'oiseaux.

F. Dupont, *Le Citoyen romain sous la République*,

Questions

Texte 5

1 Quelles sont les productions agricoles de l'Italie ?

2 Repère sur la carte 1, page de garde, l'Apulie et la Campanie.

Texte 6

3 Qu'est-ce qui a favorisé la fertilité de la campagne italienne ?

Textes 5 et 6

4 Quelle caractéristique des paysages italiens soulignent ces deux textes ? Justifie ta réponse en relevant les expressions les plus pertinentes.

Exposés

1 Fais des recherches sur l'organisation et la vie d'un domaine agricole au temps de la République.

2 Renseigne-toi sur les dieux et les fêtes religieuses qui ont un rapport direct avec la vie à la campagne.

3 Fais des recherches sur l'organisation de l'armée romaine (équipement du soldat, grades, organisation du camp dressé chaque soir...).

4 Renseigne-toi sur Spartacus et la révolte qu'il a dirigée.

Exploitation agricole.
Mosaïque (IVe s. ap. J.-C.).
Musée National du Bardo, Tunis.

Combat d'Héraclès contre Geryon.
Amphore à figures tricolores.
Bibliothèque nationale de France, Paris.

Séquence 5
Rome à l'école de la Grèce

Quelle est la particularité du personnage de droite ?
Son équipement est-il romain ?
À quoi reconnais-tu le personnage de gauche ?
Ce héros est-il grec ou romain ?

9 Un théâtre sous influence

Objectifs
- **lecture : lire une scène de comédie**
- **langue : identifier les pronoms-adjectifs démonstratifs HIC, ISTE, ILLE ; réviser le pronom-adjectif IS, EA, ID**
- **civilisation : découvrir le théâtre à Rome**

Lecture

Un Ulysse romain

Chrysale est l'esclave du vieillard Nicobule et de son jeune fils Pistoclère. Afin d'aider ce dernier, Chrysale décide de dérober de l'argent au vieillard. Pour ce faire, il vole une reconnaissance de dette, écrite sur des tablettes de cire.

CHRYSALE : Cepi, expugnavi amanti erili filio aurum ab suo patre.
Nunc prius quam huc senex venit, libet lamentari dum exeat.
O Troia, o patria, o Pergamum ; o Priame, periisti senex,
Qui misere male mulcabere quadrigentis Philippis aureis.
Nam ego has tabellas obsignatas, consignatas quas fero,
Non sunt tabellae, sed equus quem misere Achivi ligneum. [...]
Ego sum Ulixes, cujus consilio haec gerunt.
Tum quae hic sunt scriptae litterae, hoc in equo insunt milites
Armati atque animati probe. Ita res successit mi usque adhuc.
Atque hic equus non in arcem, verum in arcam faciet impetum.
Exitium, excidium, exlecebra fiet hic equus hodie auro senis.

Plaute (254-184 av. J.-C.), *Les Bacchis*, (v. 931-936 et v. 940-944)

CHRYSALE : Pour le fils amoureux, j'ai pris, j'ai arraché de l'or à son père, mon maître. À présent, avant que le vieillard ne vienne, en attendant qu'il sorte, j'ai envie de chanter un chant funèbre.
Ô Troie, ô patrie, ô Pergame ; ô Priam, tu es perdu vieillard, toi à qui on va extorquer de façon fâcheuse et lamentable 400 philippes d'or[1]. Car ces tablettes[2] cachetées, scellées que moi je porte, ce ne sont pas des tablettes, mais le cheval de bois que les Grecs ont fait entrer dans la ville. [...]
Moi je suis Ulysse, selon les plans de qui tout cela s'exécute.
Dès lors les caractères qui sont tracés ici, ce sont des soldats armés et fort courageux cachés dans ce cheval.
Jusqu'à présent la ruse m'a bien réussi. Et ce cheval ne lancera pas une attaque contre une place forte, mais contre un coffre-fort. Ce cheval aujourd'hui sèmera la destruction, la dévastation, la désolation dans l'or du vieillard.

Acteur comique. Marbre (IIe s. ap. J.-C.). Musée archéologique, Istanbul.

Notes

1. pièces de monnaie à l'effigie de Philippe II, roi de Macédoine
2. support sur lequel on écrivait

Lire le texte

La Grèce, le monde de référence

1 Relève les noms de tous les personnages évoqués. À quel grand poème font-ils référence ?

2 À quel événement, à quel lieu Chrysale fait-il référence ? À quoi compare-t-il la perte d'or du vieillard ? N'hésite pas à faire des recherches au C.D.I. ou à la bibliothèque si cette histoire ne t'est pas familière.

3 Classe les éléments qui font référence à la Grèce, selon tes propres critères.

Un discours imagé

4 Où commence et finit le chant funèbre ? Relève ce qui te permet de le repérer :
- dans la syntaxe,
- dans le vocabulaire utilisé.

5 Repère dans le texte les images utilisées par l'auteur, puis recopie le tableau suivant et complète-le.

comparé	comparant	caractère commun

Quel effet produisent ces images ?

Le genre

6 Observe la mise en page du texte latin : à quel genre de texte as-tu affaire ?

7 D'après la 1re phrase prononcée par Chrysale, pour quelle raison désire-t-il entonner un « chant funèbre » ? A-t-on l'impression d'être dans une tragédie ou une comédie ?

8 À qui se compare Chrysale ? Que peux-tu en déduire sur son caractère ?

9 À quelle pièce, à quels personnages de Molière cet extrait te fait-il penser ?

10 Observe les mots soulignés et cherche leur traduction dans le texte français : quelle est leur nature ? Cet énoncé est-il ancré dans la situation d'énonciation ou coupé de la situation d'énonciation ? Justifie l'emploi des mots soulignés.

Théâtre grec d'Épidaure.

Étymo logie

LES DEVINETTES D'ETYMON

Pour *écrire*, le français a le choix entre deux familles très riches : celle du verbe latin **scribere** (supin : **scriptum**) et celle du verbe grec γράφειν.

Complète les phrases suivantes avec des mots appartenant à une de ces familles :

a) *Dans son roman, cet … fait une merveilleuse … du monde actuel.*
b) *Ton professeur va encore être fâché ! Ta copie est pleine de fautes d'…*
c) *Dans l'Égypte antique, pour écrire un texte, le pharaon faisait appel à un …*
d) *J'ai trouvé sur cette amphore une … que je n'arrive pas à déchiffrer.*
e) *Plus tard, quand je serai célèbre, je raconterai ma vie dans une …*

Les pronoms-adjectifs démonstratifs HIC, ISTE, ILLE

1. Déclinaisons

	Singulier				Pluriel		
	masculin	féminin	neutre		masculin	féminin	neutre
N.	hic	haec	hoc	N.	hi	hae	haec
Ac.	hunc	hanc	hoc	Ac.	hos	has	haec
G.	hujus	hujus	hujus	G.	horum	harum	horum
D.	huic	huic	huic	D.	his	his	his
Ab.	hoc	hac	hoc	Ab.	his	his	his

2. Emplois

- Il existe 2 autres pronoms-adjectifs démonstratifs, ISTE, ISTA, ISTUD et ILLE, ILLA, ILLUD dont tu trouveras les déclinaisons p. 201.

Leur emploi est lié à la personne, à l'espace et au temps.
HIC, correspond à la 1re personne et indique une proximité.
- **Hic** equus. ***Ce*** *cheval,* ***mon*** *cheval (celui dont je parle).*

ISTE, correspond à la 2e personne et indique un éloignement relatif.
- **Iste** equus. ***Ce*** *cheval,* ***ton*** *cheval (celui dont tu parles).*

ILLE, correspond à la 3e personne et indique un éloignement.
- **Ille** equus. ***Ce*** *cheval (dont il parle).*

- Ils peuvent être employés comme adjectifs ou pronoms :
  - **Has** tabellas fero : *Je porte* ***ces*** *tablettes.*
  - **Haec** gerunt : *Ils font* ***ceci.***

Remarque : ISTE peut avoir une valeur péjorative, et ILLE une valeur méliorative.
- **iste** senex : *ce vieillard* ***(méchant)***
- **ille** equus : *ce cheval* ***(illustre)***

Le pronom-adjectif IS, EA, ID

1. Déclinaisons

	Singulier				Pluriel		
	masculin	féminin	neutre		masculin	féminin	neutre
N.	is	ea	id	N.	ei/ii	eae	ea
Ac.	eum	eam	id	Ac.	eos	eas	ea
G.	ejus	ejus	ejus	G.	eorum	earum	eorum
D.	ei	ei	ei	D.	eis/iis	eis/iis	eis/iis
Ab.	eo	ea	eo	Ab.	eis/iis	eis/iis	eis/iis

2. Emplois

- IS, EA, ID reprend ce dont on a parlé.
  - Litteras scripsi. **Eas** mitto : *J'ai écrit une lettre. Je* ***l'****envoie.*
- Au **génitif**, il exprime la **possession**. **Ejus** pater. ***Son*** *père*

1 Indique le cas de ces groupes nominaux et traduis-les.

1. hunc equum – 2. illi filio – 3. isto patre – 4. istius senis – 5. has tabellas – 6. hae litterae – 7. illi milites – 8. istorum consiliorum

2 Accorde l'adjectif démonstratif avec le mot qu'il détermine et traduis ces phrases.

1. (ille) aurum cepi.
2. (iste) senis filio aurum do.
3. (hic) consilia habeo.
4. (iste) litteras scribis.
5. (ille) Ulixes sum.
6. In (ille) equo milites insunt.

3 Traduis les expressions suivantes au N. sg, G. sg, Ab. sg, N. pl.

1. cette tablette (hic) – 2. ce cheval (iste) – 3. ce père (ille) – 4. ce conseil (is)

4 Relie les expressions latines à leur traduction.

haec tabella •	• à notre époque
ille dux •	• ce fameux cheval
iste dux •	• cette tablette que tu as
ille equus •	• cet illustre chef
illo tempore •	• cette tablette que j'ai
ista tabella •	• ce mauvais chef
hoc tempore •	• en ce temps-là

5 Traduis ces phrases.

1. Senem vidi. Is aurum habebat. Id cepi.
2. Hae patris tabellae sunt. Ejus tabellas hic habeo. Cum eis huc venio .
3. Filio tabellas cepi. Ei hoc gero. Eas hodie servo.
4. Hae tabellae quas fero non sunt tabellae sed ligneus *(de bois)* equus.
5. Is autem non in arcem *(citadelle)*, verum in arcam *(coffre)* impetum *(assaut)* facit.

6 Remplace les mots en gras par IS, EA, ID au bon cas et traduis la phrase obtenue.

1. **Filio** aurum cepi.
2. **Domini** filio aurum cepi.
3. **Equum** Graeci miserunt.
4. A **patre** aurum cepit.
5. **Ducis** consilio milites haec gerunt.
6. **Militum** dux in equo inest.
7. In **senis** aurum impetum (*assaut*) facio.
8. Hodie **aurum** habeo.

Vocabulaire à retenir

Noms

equus, i, m. : ***le cheval***
filius, ii, m. : ***le fils***
frater, tris, m. : ***le frère***
littera, ae, f. : ***la lettre*** *(de l'alphabet)*
litterae, arum, f. pl. : ***la lettre*** *(qu'on envoie)*
senex, senis, m. : ***le vieillard***
soror, oris, f. : ***la sœur***
tabella, ae, f. : ***la tablette***

Adjectif

Graecus, a, um : ***grec***

Verbes

gero, is, ere, gessi, gestum : ***faire, mener***
insum, es, esse, fui : ***être dans***
scribo, is, ere, scripsi, scriptum : ***écrire***

Mots invariables

autem (2e position) : ***or***
hic (adverbe) : ***ici*** *(où l'on est)*
huc : ***là*** *(où l'on va)*
hodie : ***aujourd'hui***
sed, verum : ***mais***

Civilisation

Découvrir

Une victime des Grecs

Sénèque, un philosophe latin, a aussi écrit des pièces de théâtre. Ici, il nous décrit le sort de Cassandre, une prisonnière troyenne. Cette jeune femme se lamente de la perte des siens lors de la prise de Troie.

Cassandre : Mes malheurs, désormais, dépassent toutes mes craintes. Et je ne cherche plus, certes, à apaiser les dieux par aucune prière, – quand bien même ils voudraient sévir, ils ne sauraient plus comment me frapper encore ! La Fortune a elle-même épuisé contre moi ses forces. Me reste t-il donc une patrie, un père, une sœur ? Les tombeaux et les autels ont bu le sang des miens. Et la florissante troupe de mes nombreux frères ? Elle est anéantie : les deux malheureux vieillards sont restés seuls dans leur palais vide et après avoir marié tant de fils, ils ne voient que la Laconienne[1], parmi toutes leurs brus, qui ne soit pas veuve. Puis la mère de tant de rois, la reine des Phrygiens[2], Hécube dont la fécondité nourrit les flammes[3], éprouve un nouveau genre de fin que lui réserve la destinée et, prenant l'aspect d'une bête farouche, elle fait retentir ses aboiements furieux autour des ruines de son palais, survivant ainsi à Troie, à Hector, à Priam, à elle-même.

Sénèque (4 av. J.-C.–65 ap. J.-C.), *Agamemnon*, v. 695-709
traduction François-Régis Chaumartin

Notes

1. Hélène, femme de Ménélas
2. Phrygiens = Troyens
3. comme le lui avait annoncé un songe, tous ses enfants ont péri dans les flammes

Questions

1 Dans ce texte de quel côté est-on placé ? Est-ce le même que dans celui de Plaute page 84 ?

2 De quoi Cassandre peut-elle se plaindre ?

3 Quelle autre femme subit un sort aussi terrible que celui de Cassandre ?

4 Ce texte est-il extrait d'une comédie ou d'une tragédie ? Quels éléments t'ont-ils permis de répondre ?

Théâtre romain à Orange (Ier s. ap. J.-C.)

Lire l'image

1 Observe la photographie ci-contre et celle de la page 85.

a) Quelles ressemblances vois-tu ?

b) Quelles différences ?

2 Pourquoi, à ton avis, les Romains ont-ils changé le plan du théâtre grec ?

Un théâtre venu d'ailleurs

Le théâtre, spectacle favori des Romains, est un emprunt à leurs ancêtres, les Étrusques, et à leurs voisins vaincus, les Grecs.

Scène de comédie.
Détail d'un bas-relief
(Ier s. ap. J.-C.).
Musée de la Civilisation
romaine, Rome.

Des débuts difficiles

- En 364 av. J.-C., les Romains empruntent aux Étrusques leurs danses et les utilisent lors de jeux.
- Mais c'est en 240 av. J.-C. que naît officiellement le théâtre romain : les magistrats romains chargent un Grec, Andronikos, de donner les premiers **ludi scaenici** *(jeux scéniques)*. Il traduit donc, en latin, des pièces de théâtre grecques.
- Ensuite seulement, d'autres auteurs (Plaute, Térence, Sénèque) écriront des pièces originales, mais fortement inspirées de modèles ou de mythes grecs.

Du provisoire au permanent

- Au début, les nobles romains refusent qu'un théâtre soit construit dans Rome. En effet, on ne donne pas de représentations tous les jours et les aristocrates craignent que le peuple n'utilise cet espace confortable (avec des sièges) pour des débats politiques (rappelons qu'on participait à ces derniers sur des places publiques, debout, au soleil).
- En 154 av. J.-C., les censeurs romains font construire un théâtre que le sénat s'empresse de faire détruire !
- Le premier théâtre en pierre n'apparaît donc à Rome qu'en 55 av. J.-C. : c'est le théâtre de Pompée, avec une scène de 80 mètres de largeur et une capacité de 17 000 spectateurs.

Préparatifs d'une représentation théâtrale.
Mosaïque romaine de Pompéi. Musée archéologique, Naples.

Une machinerie bien huilée

- Rapidement, les Romains favorisent le spectaculaire : les dieux volent et descendent sur scène au moyen d'une **machina tractoria** *(grue)* ; les fantômes apparaissent et disparaissent au moyen de **scalae orcinae** *(trappes)*.

Des codes précis

- Dans la tragédie, les acteurs sont chaussés de cothurnes (chaussures à semelle épaisse), vêtus de longues robes et coiffés d'une couronne.
- Dans la comédie, le public doit distinguer rapidement qui est qui. Aussi, les acteurs revêtent-t-ils une toge pour les citoyens (blanche s'ils sont vieux, multicolore s'ils sont jeunes), une tunique pour les esclaves.
- Selon les siècles, les acteurs portent des masques (différents suivant les rôles) ou un simple maquillage sur le visage.

Un spectacle musical

- Chaque pièce est jouée, certes, par des acteurs (qui interprètent souvent plusieurs rôles), mais également par un joueur de flûte et un **cantor** *(chanteur)*. Dans certaines scènes, l'acteur mime l'action pendant que le chanteur lui prête sa voix.

10 Une victoire de la Grèce

Objectifs

- lecture : lire un poème satirique
- langue : identifier les adjectifs de la 2e classe, reconnaître le comparatif et le superlatif
- civilisation : découvrir l'influence de la culture grecque

Lecture

Dehors les Grecs !

Umbricius, un vieux Romain, explique à son camarade qu'il préfère quitter Rome, cette ville dangereuse, dominée par des individus qui ne la méritent pas, dont les Grecs…

Quemvis hominem secum attulit ad nos :
grammaticus, rhetor, geometres, pictor, aliptes,
augur, schoenobates, medicus, magus, omnia novit
Graeculus esuriens ; in caelum, jusseris, ibit. […]
Me prior ille
signabit fultusque toro meliore recumbet,
advectus Romam pro pruna et cottona vento ?
Usque adeo nihil est, quod nostra infantia caelum
hausit Aventini baca nutrita Sabina ?
Quid quod adulandi gens prudentissima laudat
sermonem indocti, faciem deformis amici […].
Natio comoeda est. Rides, majore cachinno
concutitur ; flet, si lacrimas conspexit amici,
nec dolet ; igniculum brumae si tempore poscas,
accipit endromidem ; si dixeris « aestuo », sudat.

(Le Grec) nous a apporté avec lui un homme à tout faire : grammairien, rhéteur, géomètre, peintre, masseur, augure, funambule, médecin, magicien, un Grécaillon affamé sait tout faire. Tu lui ordonnerais d'aller au ciel, il irait ! […]
Hélas c'est avant moi que cet individu apposera son sceau sur les contrats, c'est à une meilleure place qu'il s'installera à table, lui que le vent a amené à Rome avec les prunes et les figues ? Cela ne vaut-il donc rien que notre enfance se soit imprégnée du ciel de l'Aventin, tout en se nourrissant d'olives de la Sabine ? Très habile quand il s'agit de flatter, cette race vante la conversation de l'ignorant, le visage de l'ami défiguré […].*
C'est la nation même qui est comédienne. Tu ris, le Grec est secoué d'un rire plus grand ; s'il a remarqué les larmes d'un ami, il pleure sans éprouver de chagrin ; si tu demandes un petit feu à cause du froid de l'hiver, il prend son manteau ; si tu dis : « J'ai chaud », il transpire.

Juvénal (Ier-IIe siècles ap. J.-C.), *Satires*, III, 75-78 81-91, 100-103

Note

* région d'Italie

Médecin soignant un patient.
Détail d'un vase à figures rouges (Ve s. av. J.-C.).
Musée du Louvre, Paris.

Lire le texte

1 Observe la mise en page du texte latin : que remarques-tu ?

2 Quel est l'auteur de ce texte ? Quel est le titre de son œuvre ? Cherche le sens de ce mot dans un dictionnaire.

3 Relève les différentes appellations choisies par l'auteur pour parler du Grec.

4 Quels défauts l'auteur prête-t-il aux Grecs ?

5 **a)** Relève toutes les expressions qui montrent l'excès, l'exagération.
b) Observe l'adjectif **deformis** (l. 11) : quelle est sa fonction ? Reconnais-tu la désinence ? À quel mot est-il opposé dans ce texte ?

6 Analyse les mots soulignés et leur traduction : comment sont-ils formés ? Justifie leur emploi.

7 De la ligne 5 (**Me prior** ...) à la ligne 9 (... **Sabina** ?), qu'est-ce qui oppose Rome à la Grèce ?

8 Quels sentiments Juvénal éprouve-t-il face aux Grecs ? Relève des passages qui le prouvent.

L'ambassade de Chryses devant Agamemnon, Achille et Ulysse.
Mosaïque (294 x 205 cm).
Musée de Nabeul, Tunisie.

Étymo logie

LES TROUVAILLES D'ETYMON

Cette année, tu apprends le latin : tu es un(e) latiniste. Mais si c'est le grec que l'on t'enseigne, tu deviendras un(e) *helléniste* ! Étrange, si l'on songe que la langue étudiée se nomme le *grec*. Il faut savoir que les Grecs nommaient eux-mêmes leur nation : **Hellas** (Ἑλλάς) ; les habitants deviennent donc tout naturellement des *Hellènes*.

D'où vient alors ce nom que nous utilisons aujourd'hui ? D'un diminutif plutôt péjoratif, **Graikos** (Γραικός), assez proche du mot latin **Graeculus** *(Grécaillon)*, et qu'utilisaient les Romains lorsqu'ils voulaient dire du mal des *Grecs*. Mais ce n'est pas tout ! Te souviens-tu de Nicobule dans le chapitre 9, ce vieil avare ? On aurait pu aussi le traiter de *grigou*. Est-ce le souvenir d'Ulysse et de ses ruses, mais le *Grec* avait la réputation de mentir et de tromper tout le monde (la plupart du temps afin de s'enrichir). On parlait encore de **grégou** en languedocien, **griego** en espagnol et **gregou** en portugais, c'est-à-dire *gredin*. Décidément, les préjugés de Juvénal à l'encontre des *Grecs* étaient fort répandus !

LES DEVINETTES D'ETYMON

À ton tour, cherche le nom des pays et de leurs peuples dans leurs propres langues : tu verras parfois apparaître des différences surprenantes avec le français !

Les adjectifs de la 2e classe

• Outre les adjectifs de 1re classe (**bonus, a, um**), on trouve des adjectifs qui suivent le modèle de **civis** (m./f.) et de **mare** (n.). Leur **ablatif singulier** est en **-i.**

omnis, e : *tout*

→ Tableaux p. 199

• Certains adjectifs ont la même forme aux trois genres. On donne alors leur **génitif** pour connaître leur radical :

felix, icis : *heureux* **prudens, ntis** : *avisé*

• Seuls quelques rares adjectifs suivent le modèle de **consul** (m./f.) et **corpus** (n.) :

dives, itis : *riche* **pauper, eris** : *pauvre* **vetus, eris** : *vieux*

Le comparatif et le superlatif

1. Le comparatif

a. Formation

• Le suffixe **-ior** au masc./fém. et **-ius** au neutre s'ajoute au radical :

doct-**ior**, ioris (masc./fém.) doct-**ius**, ioris (neutre)

• Il se décline sur le modèle de **consul** (masc./fém.) et **corpus** (neutre).

b. Traduction

• Employé seul : *assez savant ; plus savant*

• Avec un complément à l'**Ab.** ou introduit par **quam** : *plus que*

doctior sum **illo.**
doctior sum **quam** ille.
} *Je suis **plus** savant **que** lui.*

2. Le superlatif

a. Formation

• Le suffixe **-issimus, a, um** s'ajoute au radical :

doctus : doct-**issimus**

• Autres formations :

– **errimus, a, um** pour les adjectifs en **-er** :

miser : mis**errimus**

– **illimus, a, um** pour quelques adjectifs en **-ilis** :

facilis : fac**illimus**

b. Traduction

• Employé seul : *très savant*

• Avec un complément au **G.** ou introduit par **ex + Ab.** : *le plus… de*

doctissimus **omnium**
doctissimus **ex omnibus**
} ***le plus** savant **de** tous*

1 Traduis et décline ces expressions.

1. omnis civis – 2. felix amicus – 3. prudens consilium – 4. vetus miles

2 Accorde les adjectifs avec les noms qu'ils déterminent.

1. (felix) hominem videt. – 2. (fortis) milites laudat. – 3. (brevis) tempore amicos meos novit. – 4. (dives) virorum amicus est. – 5. (prudens) consilia habet. – 6. (omnis) lacrimis flet

3 Traduis ces phrases, puis remplace l'adjectif de 1re classe en gras par celui de 2e classe entre parenthèses, en le mettant au cas voulu.

1. Cum **doctis** amicis ambulo. (felix, icis)
2. **Parvum** templum videmus. (ingens, ntis)
3. **Bonae** filiae aurum dat. (pauper, eris)
4. **Miseram** vitam agimus. (difficilis, e)
5. **Longum** sermonem habemus. (brevis, e)

4 Traduis ces expressions, puis mets l'adjectif au comparatif et au superlatif.

1. fortis miles – 2. facilis via – 3. breves litterae – 4. magnum templum – 5. boni amici – 6. levis vox – 7. malum consilium

5 Explique à partir de leur étymologie le sens des mots en gras.

1. **La majorité** des élèves a voté pour elle.
2. Il a tendance à **minimiser** ses responsabilités dans l'accident.
3. Le commerçant n'a pas **majoré** ses prix.
4. Les **optimistes** pensent qu'un monde **meilleur** est possible.

6 Traduis ces phrases. Attention aux compléments du comparatif et du superlatif !

1. Scimus terram graviorem aqua esse.
2. Haec urbs minor quam Roma est.
3. Ex amicis meis tristissimus es !
4. Hic omnium servorum miserrimus est.
5. Iste vir ex omnibus dominis pessimus est.
6. Ille puer parentibus doctior est.

Vocabulaire à retenir

Adjectifs

brevis, e : *bref*
difficilis, e : *difficile*
doctus, a, um : *savant*
facilis, e : *facile*
felix, icis : *heureux*
fortis, e : *courageux*
gravis, e : *lourd, pénible*
ingens, ntis : *énorme*
levis, e : *léger*
prudens, ntis : *avisé*
tristis, e : *triste*

Comparatifs et superlatifs irréguliers

bonus, a, um *(bon)* ; **melior** (n. **melius**), **oris** ; **optimus, a, um**
malus, a, um *(mauvais)* ; **pejor** (n. **pejus**), **oris** ; **pessimus, a, um**
magnus, a, um *(grand)* ; **major** (n. **majus**), **oris** ; **maximus, a, um**
parvus, a, um *(petit)* ; **minor** (n. **minus**), **oris** ; **minimus, a, um**

Noms

lacrima, ae, f. : *la larme*
tempus, oris, n. : *le temps*
sermo, onis, m. : *la conversation*

Verbes

nosco, is, ere, novi, notum : *apprendre à connaître* (parfait **novi** : *je connais*)
laudo, as, are, avi, atum : *louer*
fleo, es, ere, flevi, fletum : *pleurer*

Civilisation

Découvrir

Le grec, première langue vivante

Tous les Romains ne sont pas aussi critiques que Juvénal. Ainsi, Quintilien, spécialiste de la langue, donne des conseils quant à l'apprentissage du grec par ses concitoyens.

C'est par le grec que, selon mes préférences, l'enfant doit commencer, parce que le latin est plus usité, et que cet enfant en sera imprégné, même malgré nous ; en même temps, il doit être instruit d'abord aussi dans les disciplines helléniques, d'où même les nôtres dérivent. Toutefois, je ne voudrais pas que l'on ait la superstition d'imposer longtemps à l'enfant de parler et d'apprendre seulement le grec, comme c'est la mode aujourd'hui. Il arrive, en effet, que l'on contracte ainsi de très nombreux défauts dans la prononciation, qui prend une tonalité étrangère, et, dans le langage même, où se fixent, par suite d'une pratique assidue, des tours grecs, qui persistent de façon fort tenace, même dans un système de langue différent. L'étude du latin doit donc suivre peu après et aller bientôt de pair avec celle du grec ; ainsi, quand nous aurons apporté aux deux langues un soin égal, aucune des deux ne gênera l'autre.

Quintilien (Ier siècle ap. J.-C.), *Institutions oratoires*, I, 1, 12-14
traduction Jean Cousin, © Les Belles Lettres

Caton l'Ancien.
Détail d'une statue en pierre (753 av.-476 ap. J.-C.).
Musée du Vatican, Rome.

Buste d'Hadrien. Marbre.
Musée national romain, Rome.

Questions

1. Quand, selon Quintilien, un Romain doit-il commencer l'apprentissage du grec ? Pourquoi ?
2. Quel défaut Quintilien reproche-t-il à ses contemporains ? Quelles conséquences peut-il avoir ?
3. Quand faut-il apprendre le latin ?
4. Quelle place tient, selon Quintilien, le grec, cette langue étrangère ?

Lire l'image

1. Qui représentent ces deux bustes ?
2. Quelles différences notes-tu entre eux ?
3. Lequel, selon toi, est le plus proche du modèle romain traditionnel ? Pourquoi ?
4. De quel modèle se rapproche l'autre ?

Un cheval de Troie à Rome

En 146 av. J.-C., Rome a officiellement vaincu la Grèce : celle-ci devient une province romaine. Mais cet ancien ennemi va mener une guerre de l'intérieur et envahir progressivement la vie quotidienne des Romains. Le pouvoir militaire s'incline devant le pouvoir de la culture.

Le discobole. Détail d'un vase à figures rouges (v. 510-500 av. J.-C.). Musée du Louvre, Paris.

Le grec : langue étrangère ?

Comme tu as pu le voir dans le texte de Quintilien, la langue grecque est présente dans l'enseignement proposé aux enfants romains. C'est même parfois la première langue apprise, avant le latin. Peut-être est-ce pour cela que César, lorsqu'il est assassiné en 44 av. J.-C., prononce ses dernières paroles (« Toi aussi, mon fils ! ») en grec.

Aussi, parce qu'ils trouvent dangereux ce phénomène, les magistrats romains luttent-ils à leur façon : lorsqu'ils se trouvent en Grèce et même s'ils savent parler grec, ils ne s'expriment qu'en latin et exigent des interprètes.

Cette fresque de Pompéi représente un trompe-l'œil, art directement inspiré des Grecs.

L'athlétisme : une pratique de dépravés

Si les Grecs adorent l'athlétisme, les Romains n'ont jamais apprécié cette discipline.

Ce qui les gêne le plus dans ce sport, c'est le fait que les athlètes le pratiquent nus. Or, les Romains sont très pudiques. Caton l'Ancien affirme même ne s'être jamais baigné avec son fils, de crainte de paraître nu devant lui. Pudeur qui sonne le glas de l'athlétisme à Rome !

La médecine taboue

Les Grecs ont fait d'énormes progrès dans la médecine (➔ chapitre 11). Mais longtemps, par peur, les Romains refusent de se laisser soigner par des médecins grecs. Ils craignent en effet d'être empoisonnés et trouvent, de toute façon, que les tarifs sont excessifs !

Enfin un bon repas !

Le Romain mange peu, son repas est frugal. C'est parce qu'il ne mange pas par plaisir, mais pour se nourrir. Ses repas ont pour base une bouillie de millet (à l'eau ou au lait), parfois agrémentée de vin ou d'autres aliments (légumes, viande…).

Sous l'influence des Grecs, la nourriture va devenir source de plaisir, les repas se transformer en banquets.

Ainsi, au IIe siècle av. J.-C., la première boulangerie ouvre à Rome. Les vins sont plus travaillés et les premiers grands crus (dont le falerne) apparaissent à leur tour. Apicius nous propose une série de recettes toutes plus raffinées les unes que les autres.

Cela a une conséquence sur le marché des esclaves : les cuisiniers qui, jusqu'alors, étaient considérés comme de peu de valeur, ont vu leurs prix grimper en flèche !

Les Romains se nourrissaient aussi d'œufs d'autruches ! Musée national archéologique, Naples.

Bilan de la séquence 5

Étymologie

1 Chrysale, dans le texte de Plaute page 84, insiste bien sur le fait qu'il résout les problèmes lui-même (en grec αὐτός – **autos**). Fais de même pour compléter les phrases suivantes !

a. Pour connaître l'origine du décès, il faut pratiquer une …
b. Sur l' … , on peut rouler à 130 km/h : c'est plus rapide et moins dangereux que les nationales !
c. J'ai failli m'évanouir quand cette vedette m'a signé un …
d. Ce tableau n'est pas une copie. Je vous assure qu'il est tout à fait …
e. Cet enfant replié sur lui-même est …, comme le personnage interprété par Dustin Hoffman dans le film *Rain Man*.

2 La place des Grecs dans la société romaine n'est pas petite (μικρός – **mikros**), loin de là. Elle est même très grande (μέγας – **megas**). Grâce à ces deux racines, trouve les mots français correspondant aux définitions suivantes.

a. permet de voir des objets minuscules
b. possède un orgueil démesuré
c. très grande ville
d. fort utile pour enregistrer des sons
e. monument de pierre brute de grande dimension, comme les dolmens

Le cheval de Troie avec les guerriers attaquant.
Grèce (670 av. J.-C.).
Détail d'une amphore. Musée de Mycènes.

Langue

Maudits Grecs...

Tacite regrette que l'on confie l'éducation des enfants à des « grécaillons ».

At nunc natus infans delegatur Graeculae alicui ancillae cui adjungitur unus aut alter ex omnibus servis plerumque vilissimus […]. Horum fabulis et erroribus virides statim et rudes animi imbuuntur. *(Dialogue des orateurs, 29)*

Mais maintenant le jeune enfant est confié à n'importe quelle servante, une « grécaillonne », à laquelle on adjoint un ou deux esclaves, généralement parmi les plus bas de tous. […] Leurs esprits tendres et neufs sont aussitôt imprégnés de leurs contes et de leurs préjugés.

a. Quels sont les termes péjoratifs qui désignent les Grecs et leurs activités dans ce passage ?

b. Quels sont les deux adjectifs latins qui qualifient les esprits (**animi**) des enfants ? Quel danger représente pour eux la présence des Grecs à leurs côtés ?

Bilan de la séquence 5

Civilisation

❶ Un intrus s'est glissé dans chacune des listes suivantes. Retrouve-le ! Justifie ta réponse à chaque fois.

a. cothurnes – masques – atrium – ludi scaenici
b. Andronikos – Martial – Sénèque – Plaute
c. Gaulois – Grecs – Romains – Étrusques
d. grammairien – édile – rhéteur – géomètre
e. athlétisme – médecine – agriculture – comédie
f. Énée – Héraclès – Ulysse – Romulus

❷ Observe ce document. S'agit-il d'une œuvre grecque ou romaine ? Que représente-t-elle ? Décris les objets représentés ainsi que les actions de chacun des personnages.

Scène d'école.
Vase à figures rouges.
Musée de Berlin.

Dionysos chevauchant une panthère.
Mosaïque (Ier s. av. J.-C.).
Musée archéologique, Naples.

Séquence 6
Le rayonnement de la culture grecque

Décris précisément la scène représentée et la frise qui l'entoure. Quels sont les éléments qui te permettent de deviner les fonctions de ce dieu ? Physiquement, à quoi te fait-il penser ?

11

La naissance de l'esprit scientifique

Objectifs
- **lecture : lire un dialogue**
- **langue : identifier le subjonctif présent et le participe présent**
- **civilisation : découvrir les scientifiques grecs**

Lecture

Des empêcheurs de penser en rond

Cicéron, qui s'intéressait à la pensée grecque, rapporte ici les propos des philosophes Diogène et Socrate. Ce dernier s'exprime alors qu'il vient d'être condamné à mort : il était accusé de ne pas honorer les dieux de la cité et de corrompre la jeunesse.

« Magna me », inquit, « spes tenet, judices, bene mihi evenire quod mittar ad mortem. Necesse est enim **sit** alterum duobus, ut aut sensus omnino omnes mors **auferat** aut in alium quendam locum ex his locis morte **migretur**. » [...]
Durior Diogenes, et is quidem eadem sentiens, sed ut Cynicus asperius, projici se jussit inhumatum. Tum amici : « Volucribusne et feris ? » « Minime vero », inquit ; « sed bacillum propter me quo abigam ponitote ». « Qui poteris ? » illi, « non enim senties ». « Quid igitur mihi ferarum laniatus oberit nihil sentienti ? »

Cicéron (106-43 av. J.-C.), *Tusculanes*, I, XLI-97 + XLIII-104

« Un grand espoir m'anime, juges », dit-il, « l'espoir que c'est pour moi une heureuse issue que je sois envoyé à la mort. En effet il faut que l'une de ces deux hypothèses soit vraie : ou bien la mort ôte absolument toutes les sensations, ou bien d'ici-bas on est emporté par la mort dans une autre sorte d'endroit[1]. » [...]
Plus endurci, Diogène, qui en réalité avait la même conception, mais une expression plus rude, à la manière cynique[2], ordonna qu'on l'abandonnât sans sépulture. Alors ses amis s'écrièrent : « Pour les oiseaux et les bêtes ? » « Absolument pas », dit-il ; « mais vous déposerez à côté de moi un bâton avec lequel je les chasserai. » « Comment le pourras-tu ? » dirent ses amis « tu ne sentiras rien. » « Eh bien ! en quoi la morsure des bêtes sauvages me gênera-t-elle si je ne sens rien ? »

Notes

1. c'est-à-dire les Enfers, le séjour des morts chez les Grecs.
2. cynique : *cf.* **Les trouvailles d'Étymon.**

Platon et ses disciples.
Mosaïque (Ier s. ap. J.-C.).
Musée national archéologique, Naples.

Lire le texte

1. Que dit Socrate à propos de la mort ? S'agit-il de faits avérés ou de suppositions ? Justifie ta réponse en observant notamment le mode employé en français.
2. En quoi la réponse de Socrate peut-elle choquer les juges ?
3. En quoi les propos de Diogène sont-ils encore plus choquants ?
4. Quelle est précisément la réaction de ses amis ?
5. Comment Diogène leur prouve-t-il que leur réaction est absurde ?
6. Observe les trois verbes en gras : ils sont dans des propositions au subjonctif. Quelles sont les trois voyelles qui permettent de former ce mode ?
7. **Sentiens** (ligne 7-8) est le participe de **sentio**. Comment est-il traduit ? Comment est-il formé ?

Mort de Socrate. Gravure (1842).
Collection d'archives pour l'art et l'histoire, Berlin

Étymo logie

LES TROUVAILLES D'ETYMON

Dans le texte de Cicéron, tu as rencontré deux philosophes (de **philos** – φιλός et **sophos** – σόφος : *ami de la sagesse*) : Socrate et Diogène. Ce dernier était *cynique*, adjectif qui vient du grec **kunikos** (κυνικός), *du chien.* Quel rapport avec un philosophe ? Pour Diogène, la vie en société nous écarte de notre nature, nous impose des cadres contraires à la raison. En se comportant « comme un chien », se réfugiant dans un tonneau, il revendique l'état de nature et sa liberté tout en provoquant ses concitoyens. Aujourd'hui, l'adjectif *cynique* a un peu évolué. La provocation reste, mais elle est accompagnée d'amertume et même de brutalité.

En face du *cynisme*, il faut savoir rester *stoïque*, c'est-à-dire maîtriser la douleur et mépriser la mort. C'est ce que préconisait le philosophe Zénon qui réunissait ses disciples sous un portique (**stoa** – στόα), une galerie couverte.

LES DEVINETTES D'ETYMON

Complète les phrases suivantes avec des mots utilisant le suffixe **–phile** *(amour, amitié)*

a) *Un collectionneur de timbres s'appelle un …………*
b) *Zoé va au cinéma au moins trois fois par semaine. C'est une vraie …………*
c) *Le coton ………… absorbe l'eau.*

Le subjonctif présent

1. Formation

→ tableaux p. 203

• Trois voyelles permettent de former le subjonctif présent :

-e pour la 1re conjugaison en **-are** :
amem, ames, amet, amemus, ametis, ament

-a pour les autres conjugaisons :
moneam..., ducam..., capiam..., audiam..., eam..., feram...

-i pour sum et ses composés :
sim..., possim...

→ tableaux p. 204

• Pour former le subjonctif passif, il suffit de remplacer les désinences actives par celles que tu as apprises au chapitre 2, p. 20 :
amer, ameris, ametur, amemur, amemini, amentur.

2. Emplois dans les complétives

• Le subjonctif est utilisé dans les subordonnées complétives introduites par **ut** (*que*), après des verbes exprimant un fait (négation : **ut non**) ou une volonté (négation : **ne**).

Evenit **ut** ad mortem mittar.
Il arrive que je sois envoyé à la mort.

Nobis suadet **ne** mortem timeamus.
Il nous conseille de ne pas craindre la mort.

Le participe présent

1. Formation

• Le suffixe –(e)**ns** (N.), **-ntis** (G.) s'ajoute au radical du présent : amans, -antis ; monens, -entis ; ducens, -entis ; capiens, -entis ; audiens, -entis

• Le participe présent suit la déclinaison de **prudens** : *prudent* (→ p. 199), mais l'ablatif singulier est en **–e**.

2. Emplois

• Lorsqu'il détermine un nom, le participe présent se traduit par un participe ou une proposition relative :

Diogenes eadem **sentiens.**
Diogène ***ayant la même opinion...***
Diogène ***qui avait la même opinion...***

• Il entre aussi dans la composition de l'**ablatif absolu :**

Amicis **interrogantibus**, respondet.
*Ses amis l'****interrogeant****, il répond.*

1 Ajoute la voyelle manquante pour former le subjonctif présent.

1. am_mus – 2. viv_mus – 3. sci_ t – 4. dic_tur – 5. cogit_m – 6. cred_tis – 7. jube_s – 8. put_nt
9. poss_t – 10. capi_tur

2 a) Transforme ces propositions indépendantes en subordonnées dépendant de l'expression entre parenthèses. b) Traduis les phrases obtenues.

1. Mittor ad mortem. (judices faciunt ut)
2. Animae ex his locis in alium locum migrant. (evenit ut)
3. Philosophos audimus. (curo ut)
4. Mors dolorem aufert. (philosophus me monet ut)
5. Sapientes sumus. (suadet nobis ut)

3 Forme le participe présent (N. et G.) de ces verbes.

1. ambulo – 2. facio – 3. laboro – 4. mitto – 5. venio –
6. teneo – 7. video – 8. vivo – 9. accipio

4 Traduis ces phrases.

1. Video amicum philosophos audientem.
2. Vides flentem virum.
3. Audio homines sermonem habentes.
4. Scis philosophorum hic viventium nomina.

5 Ajoute une lettre pour trouver un mot nouveau.

1. préposition suivie de l'ablatif
2. moi (Ac.)
3. que j'aille
4. qu'il aime
5. encore
6. qu'il craigne
7. que tu émettes
8. qu'il estime

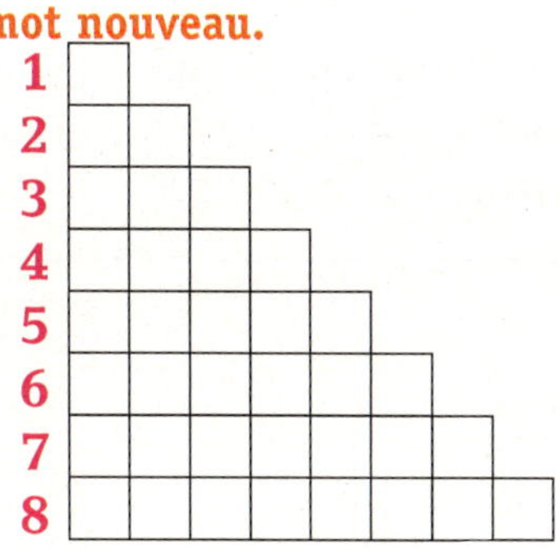

Vocabulaire à retenir

Noms

anima, ae, f. : ***l'âme, la vie***
dolor, oris, m. : ***la douleur***
judex, icis, m. : ***le juge***
mors, mortis, f. : ***la mort***
philosophus, i, m. : ***le philosophe***
sapiens, entis (nom et adj.) : ***le sage, sage***

Adjectif

alius, a, ud (G. **alterius**) : ***autre***

Mot invariable

e/ex (+ Ab.) : ***hors de, de***

Verbes

accidit ut (+ subj.) : ***il arrive que*** *(par malheur)*
aufero, fers, ferre, abstuli, ablatum : ***enlever***
curo, as, are, avi, atum (**ut/ne** + subj.) : ***prendre soin que/de***
evenit ut (+ subj.) : ***il arrive que*** *(par bonheur)*
facio, is, ere, feci, factum (**ut/ne** + subj.) : ***faire en sorte que***
migro, as, are, avi, atum : ***partir***
moneo, es, ere, monui, monitum (**ut/ne** + subj.) : ***avertir que***
obsum, es, esse, obfui : ***faire obstacle à*** (+D.)
sentio, is, ire, sensi, sensum : ***sentir ; penser***
suadeo, es, ere, suasi, suasum (**ut/ne** + subj. + D.) : ***conseiller à quelqu'un de...***

Civilisation

Découvrir

Le savant et le soldat

Les Romains viennent de s'emparer de Syracuse, ville de Sicile, où vit le savant grec Archimède (IIIe siècle av. J.-C.). Leur chef, Marcellus, désire rencontrer cet homme célèbre. Mais tout ne se passe pas comme prévu…

Il se trouva qu'Archimède était seul chez lui et réfléchissait sur une figure de géométrie ; l'esprit et les yeux absorbés dans cette contemplation, il ne s'était pas aperçu de l'irruption des Romains et de la prise de la ville. Soudain un soldat se présenta devant lui et lui ordonna de le suivre auprès de Marcellus. Il ne voulut pas partir avant d'avoir résolu son problème et d'être parvenu à la démonstration. Le soldat irrité tira son épée et le tua.

D'autres disent que le Romain armé d'une épée se présenta dans l'intention de le tuer sur-le-champ, qu'Archimède, en le voyant, le pria, le conjura d'attendre un instant, afin de ne pas laisser sa recherche inachevée et insuffisamment approfondie, et que le soldat, sans égard pour sa demande, l'égorgea.

Selon une troisième version, Archimède portait à Marcellus dans une boîte des instruments de cosmographie, cadrans solaires, sphères, équerres, permettant de représenter aux yeux la grandeur du soleil. Des soldats le rencontrèrent ; ils crurent qu'il portait de l'or dans cette boîte et le tuèrent.

Plutarque, *Vies parallèles*, « Marcellus », 19, 8-11
traduction Robert Flacelière et Émile Chambry

Questions

1 Quelle est, d'après ce texte, la spécialité d'Archimède ? Relève les mots et expressions qui se rapportent à cette discipline.

2 En quoi Archimède correspond-il à l'image qu'on se fait du savant génial ? Qu'est-ce qui t'a permis de répondre ?

3 Pour quelles raisons meurt-il ?

4 Relève le champ lexical de la violence. Quelle image des soldats romains donne cet extrait ?

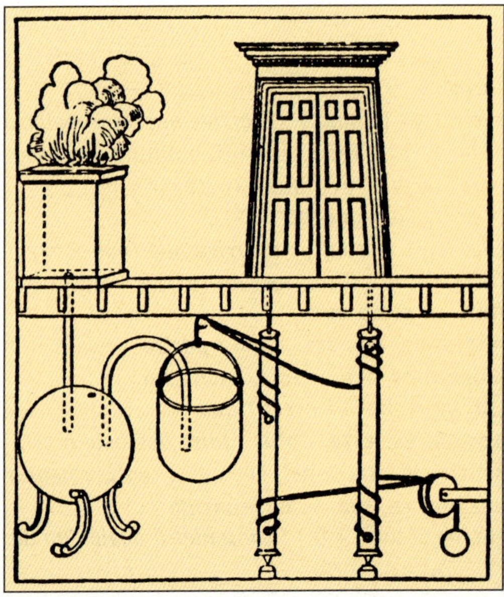

Lire l'image

Observe ce schéma. Il représente une machine inventée par le Grec Héron d'Alexandrie (Ier siècle ap. J.-C.).

1 Décris les différents éléments qui sont représentés et essaie de deviner leur usage.

2 À ton avis, à quoi servait cette machine et comment fonctionnait-elle ? (Petit indice : les portes représentées sont celles d'un temple et le cube de gauche est un autel.)

Les scientifiques, un nouveau regard sur le monde

Vers le VIe siècle av. J.-C., en Grèce, des hommes vont franchir un pas immense. Observant le monde qui les entoure, ils tentent de trouver des explications naturelles et non plus divines aux phénomènes.

Des dieux aux hommes

● Selon la mythologie grecque, le monde est une assiette plate, entourée d'eau, surmontée du ciel – la demeure des dieux. En dessous trônent les Enfers.

● Mais avec les premiers scientifiques, tout change. Ce n'est plus Poséidon en colère qui produit les tremblements de terre, mais l'océan agité sur lequel flotte la terre ; ce n'est plus Zeus qui envoie des éclairs, mais des nuages qui se fendent en deux sous l'action du vent. Bien sûr, tout ceci est faux, nous le savons maintenant ! Mais un pas est franchi : l'univers devient la propriété des hommes.

Et pourtant, elle tourne...

● Grâce à une observation rigoureuse et aux mathématiques, les Grecs découvrent l'existence de nombreux corps célestes. Ils imaginent alors que la Terre, immobile, est entourée de plusieurs sphères célestes qui tournent, déplaçant ainsi les étoiles (dont le Soleil) et les planètes.

● Dès le IIIe siècle av. J.-C., certains scientifiques proposent l'hypothèse héliocentrique selon laquelle la Terre tourne autour du Soleil ! Mais il faudra attendre Copernic et Galilée pour que cette théorie soit enfin acceptée.

● Grâce à la géométrie, les Grecs parviennent à calculer de manière précise le diamètre de la Terre et même, chose étonnante sans nos outils actuels, la distance de la Terre à la Lune. Mais n'oublions pas que Thalès et Pythagore sont des Grecs !

Le corps humain

● Avec Hippocrate (Ve siècle av. J.-C.), puis Galien (IIe siècle ap. J.-C.), commence à disparaître la théorie selon laquelle les maladies étaient envoyées par les dieux. L'explication est ailleurs : il faut observer les symptômes. On imagine alors que l'homme est divisé en quatre éléments qui s'opposent : le chaud et le froid, le sec et l'humide. Un déséquilibre entre eux et c'est la maladie !

● La médecine ne progressera pratiquement plus jusqu'au XVIe siècle. D'ailleurs, les médecins de Molière (XVIIe siècle) citent encore Galien !

Les philosophes

● Dans son Académie, Platon, disciple de Socrate, professe l'idée que ce que nous voyons n'est que le reflet de la véritable réalité, accessible seulement aux philosophes.

● Un de ses élèves, Aristote, le contredira, affirmant que le monde réel doit être le fondement de toute réflexion.

● Épicure pense, quant à lui, que la philosophie a pour but essentiel de permettre d'avoir une vie tranquille, en harmonie avec la nature.

Carte du monde selon Ptolémée.
Manuscrit. Bibliothèque nationale, Naples.

En haut : Buste d'Hippocrate.
Marbre (IIIe s. av. J.-C.). Musée du Louvre, Paris.

12 L'épopée d'Alexandre le Grand

Objectifs

- lecture : lire un discours à la première personne
- langue : identifier le futur simple et le futur antérieur de l'indicatif, reconnaître les composés de SUM
- civilisation : découvrir le personnage d'Alexandre le Grand

Lecture

Une vie bien remplie

Héritier du trône de Macédoine à l'âge de vingt ans, Alexandre reprend le projet de son père Philippe II et se lance en 334 av. J.-C. à l'assaut de l'Empire perse. Alors qu'il guerroie depuis plusieurs années, une blessure lui donne l'occasion de faire le point avec ses compagnons d'armes.

Verum ego, qui non annos meos, sed victorias numero, si munera fortunae bene computo, diu vixi. Orsus a Macedonia, imperium Graeciae teneo, Thraciam et Illyrios subegi, Triballis Maedisque imperito ; Asiam, qua Hellesponto, qua Rubro mari subluitur, possideo.

Jamque haud procul absum fine mundi ; quem egressus aliam naturam, alium orbem aperire mihi statui. [...] Ego vero non deero et, ubicumque pugnabo, in theatro terrarum orbis esse me credam. Dabo nobilitatem ignobilibus locis, aperiam cunctis gentibus terras, quas natura longe submoverat. In his operibus extingui mihi, si fors ita feret, pulchrum est. Ea stirpe sum genitus, ut multam prius quam longam vitam debeam optare.

Désormais je ne suis pas loin de la limite du monde ; en dépassant celle-ci, j'ai décidé de m'ouvrir une autre nature, un autre monde. [...] Certes je ne me déroberai pas et, partout où je combattrai, je penserai que je suis sur le théâtre du monde. Je donnerai la célébrité à des lieux inconnus, je donnerai à tous les peuples l'accès à des terres que la nature avait tenues à l'écart. Il est glorieux de mourir au milieu de ces entreprises, si le sort en décide. Je suis issu d'une famille telle que je dois souhaiter une vie dense plutôt que longue.

Quinte-Curce (Ier s. ap. J.-C.), *Histoires*, IX, VI, 19-22

Aide à la traduction

numero, as, are : *dénombrer*
computo, as, are : *compter*
munus, eris, n. : *le don, la faveur*
orsus a : *commençant par*
imperium Graeciae : *le commandement sur la Grèce*
Illyrii, orum, m. pl. : *les Illyriens* (→carte 1, page de garde)
subigo, is, ere, egi, actum : *soumettre*
Triballi, orum, m. pl. : *les Triballes* (→carte page 111)
imperito, as, are : *commander* (+ D.)
Asia, ae, f. : *l'Asie*
qua = *là où*
Hellespontus, i, m. : *l'Hellespont*
Rubrum mare : *la mer Rouge*
subluo, is, ere : *baigner*
possideo, es, ere : *posséder*

Alexandre le Grand lors de la bataille d'Issos. Mosaïque (Ier s. ap. J.-C.). Musée national archéologique, Naples.

Lire le texte

Un saut dans l'inconnu

1 Lis la partie du texte accompagnée d'une traduction : quelle est la nature du projet d'Alexandre ?

2 En quoi est-il exceptionnel ? Relève les expressions latines et françaises qui explicitent cet aspect du projet.

3 Bien que la réalisation d'un tel projet ne dépende pas que d'Alexandre, à quelle personne la plupart des verbes sont-ils conjugués ? Quel trait de caractère est ainsi révélé ?

4 Quels indices grammaticaux soulignent qu'il s'agit bien d'un projet ? Que remarques-tu à propos des verbes latins ?

Une destinée hors du commun

5 Quelle est la valeur qui semble guider Alexandre dans ses actes ? Relève son champ lexical en français et en latin dans l'ensemble du texte traduit.

6 Quel rôle Alexandre veut-il jouer sur le théâtre du monde ? De quelle vertu aura-t-il besoin pour tenir ce rôle ? Relève les expressions qui le suggèrent.

7 Traduis la première phrase du texte latin : en quoi Alexandre est-il digne de ses ancêtres ?

Alexandre le Grand.
Miniature (XVe s.). Bibliothèque de Topkapi, Istanbul.

Alexandre le conquérant

8 Dans la deuxième phrase en gras (l. 3-6) :
a) relève les verbes conjugués des propositions principales ou indépendantes : à quel temps sont-ils et à quel champ lexical appartiennent-ils ? Expriment-ils un souhait ou la réalité ?

b) Quel point commun ont les compléments d'objet de ces verbes ? Repère chacun de ces noms sur la carte page 111 et la carte 3, page de garde.

c) Traduis cette phrase. Alexandre a-t-il encore besoin de victoires pour égaler ses ancêtres ?

Étymo logie

LES TROUVAILLES D'ETYMON

Avant d'aboutir au terme *monde* en français, le latin **mundus** a connu une singulière évolution. Il a d'abord désigné le coffret dans lequel la mariée mettait son trousseau, puis la robe et les bijoux, sous l'influence probable de l'adjectif **mundus, a, um**, *propre, orné* (qui a donné au français l'adjectif *immonde* !). Enfin, les philosophes grecs sont arrivés avec leur idée de cosmos (κόσμος) c'est-à-dire d'univers organisé : **mundus** a donc été chargé d'exprimer cette même idée en latin !

L'indicatif futur (actif et passif)

• Il existe 3 formations du futur :
– le suffixe **-o/-i/-u**, pour **esse** et ses composés :
er-o, er-i-s, er-i-t, er-i-mus, er-i-tis, er-u-nt
– le suffixe **-bo/-bi/-bu**, pour les 1re et 2e conjugaisons.
– le suffixe **-a** (1re pers.)/**-e**, pour les autres conjugaisons.

	Futur en -bo/-bi/-bu			*Futur en -a/-e*	
	1re	**2e**	**3e**	**3e mixte**	**4e**
1re pers.	ama-bo	mone-bo	duc-a-m	capi-a-m	audi-a-m
2e pers.	ama-bi-s	mone-bi-s	duc-e-s	capi-e-s	audi-e-s
3e pers.	ama-bi-t	mone-bi-t	duc-e-t	capi-e-t	audi-e-t
1re pers.	ama-bi-mus	mone-bi-mus	duc-e-mus	capi-e-mus	audi-e-mus
2e pers.	ama-bi-tis	mone-bi-tis	duc-e-tis	capi-e-tis	audi-e-tis
3e pers.	ama-bu-nt	mone-bu-nt	duc-e-nt	capi-e-nt	audi-e-nt

Remarque : le futur de **ire** *(aller)* est **ibo**

• Pour former le futur passif, il suffit de remplacer les désinences actives par celles que tu connais déjà.
ama-bo-r…, mone-bo-r…, duc-a-r…, capi-a-r…, audi-a-r…

→ tableaux p. 204

Remarque : à la 2e personne du singulier du futur passif en **-bo/-bi/-bu**, le **-i** bref se transforme en **-e** devant le **r** : amaberis

L'indicatif futur antérieur

• Le futur antérieur se forme sur le radical du parfait auquel s'ajoute le suffixe **-er(o)/eri**, suivi des désinences actives.
amav-er-o, amav-eri-s, amav-eri-t, amav-eri-mus, amav-eri-tis, amav-eri-nt

• Se conjuguent ainsi :
monu-er-o… ; dux-er-o… ; cep-er-o… ; audiv-er-o…

Les composés de SUM

• Les composés de **sum** sont des verbes dont le sens est précisé par un préverbe. Ils suivent la conjugaison de **sum**.

absum, es, esse, afui : *je suis absent*
adsum : *j'assiste à* (+ D.)
desum : *je fais défaut à* (+ D.)
insum : *je suis dans*
obsum, es, esse, obfui/offui : *je fais obstacle à* (+ D.)

Formes particulières
possum, potes, posse, potui : *je peux*
prosum, prodes, prodesse, profui : *je suis utile à* (+ D.)

1 Traduis ces formes verbales, puis transpose-les au passif. Entraîne-toi à les conjuguer aux autres personnes.

1. amabo – 2. subiges – 3. capiet – 4. dicent – 5. optabis – 6. aperiet – 7. mittemus – 8. vincetis
9. laudabit – 10. accipiam.

2 Traduis ces séries de verbes. Respecte bien les temps !

1. ibis, ibas, iveras, iveris
2. desumus, deeramus, defuimus, deerimus
3. optavit, optaverit, optaverat, optabit
4. debebo, debeo, debebam, debuero

3 Traduis ces phrases, puis transpose-les au futur et au futur antérieur.

1. Non annos meos, sed victorias numero.
2. Munera fortunae computas.
3. Aliam naturam et alium orbem aperit.
4. Nobilitatem ignobilibus locis dat.
5. Multam *(dense)* prius quam *(plutôt que)* longam vitam optat.

4 Traduis ces phrases et transpose-les au futur.

1. Ferarum laniatus *(la morsure)* mihi non obest.
2. In nobili equo milites insunt.
3. Ego non desum.
4. Haud procul absum fine mundi.
5. In theatro terrarum orbis pugnare possumus.

5 Conjugue le verbe entre parenthèses au futur antérieur et traduis la phrase obtenue. Attention, en français, « si » est suivi du présent !

1. Si fors ita (ferre), pulchrum erit extingui *(de mourir)*.
2. Si tu (jubere), ibit in caelum.
3. Si ego hoc (dicere), ille non aliud dicet.
4. Si ille optare (debere), multam vitam optabit.

Vocabulaire à retenir

Noms

caelum, i, n. : ***le ciel***
finis, is, m. : **la limite** ; pl. : ***le territoire***
fortuna, ae, f./**fors**, f. (indéc.) : ***le hasard, le sort***
mundus, i, m. : ***le monde***
munus, eris, n. : ***le cadeau ; la fonction***
nobilitas, atis, f. : ***la célébrité, la noblesse***
orbis, is, m. : ***le cercle ; le monde***
orbis terrarum : ***la terre***

Adjectifs

ignobilis, e : ***inconnu***
longus, a, um : ***long***
nobilis, e : ***connu, célèbre***
pulcher, chra, chrum : ***beau***

Verbes

aperio, is, ire, aperui, apertum : ***ouvrir***
debeo, es, ere, debui, debitum : ***devoir***
opto, as, are, avi, atum : ***choisir***
pugno, as, are, avi, atum : ***combattre***
subigo, is, ere, egi, actum : ***soumettre***

Mots invariables

haud procul (ab) + Ab. : ***pas loin de***
ita : ***ainsi***

Civilisation

Découvrir

Un monde de légendes

Le personnage d'Alexandre le Grand a toujours fasciné. Très vite, à côté des récits historiques qu'on lui a consacrés, s'est développée une légende qui ajoutait à sa vie bon nombre d'épisodes fabuleux, si bien qu'au Moyen Âge il était nécessaire de démêler le vrai du faux.

Il arrive souvent qu'on accepte et transmette des absurdités, qui seront reprises sur la foi de l'informateur. Par exemple, Al-Mas'ûdî prétend que des monstres marins empêchaient Alexandre [le Grand] de construire la ville d'Alexandrie. Le roi fit alors fabriquer un coffre en bois contenant une caisse de verre, se mit dedans et descendit au fond de la mer. Arrivé là, il dessina ces monstres diaboliques. [Une fois revenu à terre], il fit fabriquer des reproductions métalliques de ces monstres et les fit dresser devant l'emplacement des futurs édifices d'Alexandrie. Quand les monstres firent surface, ils virent leurs images, prirent la fuite et laissèrent achever les constructions. Voilà bien un conte à dormir debout !

Ibn Khaldûn (historien arabo-andalou du XIVe s. ap. J.-C.), *Discours sur l'histoire universelle.* D.R.

Questions

1 D'après cet extrait, de quelle habitude les historiens doivent-ils se méfier ?

2 Relève toutes les expressions par lesquelles l'énonciateur met en doute le récit qu'il rapporte.

3 Quels sont les éléments fabuleux de cette histoire ?

4 À ton avis, que nous apprend ce document sur la renommée d'Alexandre le Grand ?

Alexandre le Grand au fond de l'eau.
Miniature du Moyen Âge extraite d'un missel.
Bibliothèque royale Albert Ier, Bruxelles.

Lire l'image

1 Décris précisément ce que tu vois au premier plan et à l'arrière-plan.

2 Quels éléments merveilleux comporte cette image ? Quels sont ceux que l'on retrouve dans le texte ?

3 De quelle époque date cette représentation ? Quels indices te permettent de répondre ?

Un modèle pour tous les conquérants

En une dizaine d'années (de 334 à 323 av. J.-C.), Alexandre parcourt des milliers de kilomètres et s'empare de l'Empire perse qui s'étend alors de la Turquie au Pakistan.

D'un royaume à l'autre

Pendant le règne de Philippe II, père d'Alexandre, la Macédoine est devenue la puissance dominante de la Grèce. Celui-ci désire mettre au pas les Perses qui sont menaçants. Lorsqu'il meurt assassiné en 336, Alexandre décide de continuer ce que son père a commencé. Il s'attaque aux Perses, s'installe sur le trône du Grand Roi, Darius III, et, parvenu aux limites de l'Empire perse, il aurait même emmené son armée à la conquête de l'Inde actuelle si ses soldats, exténués et désireux de revoir leur pays, n'avaient mis un frein à son appétit insatiable.

Personnage atypique, Alexandre veut construire une œuvre durable : il fonde de nombreuses villes où s'installent des colons grecs et macédoniens.

Lorsqu'il meurt de maladie à l'âge de 33 ans, une rumeur court déjà : ce conquérant, qui avait pour modèle Achille, aurait été le fils de Zeus !

À l'ombre d'Alexandre le Grand

Les Romains eux-mêmes ont été durablement impressionnés par l'aventure d'Alexandre, d'autant que, les siècles passant, ils sont devenus également de glorieux conquérants.

Ainsi, une controverse se développe entre historiens grecs et romains pour savoir qui, d'Alexandre ou de Rome, aurait gagné la guerre si le destin les avait fait s'affronter. Le débat est des plus sérieux puisqu'il s'agit de savoir qui est le plus grand aux yeux de l'Histoire.

Alexandre le Grand.
Marbre.
Musée archéologique, Séville.

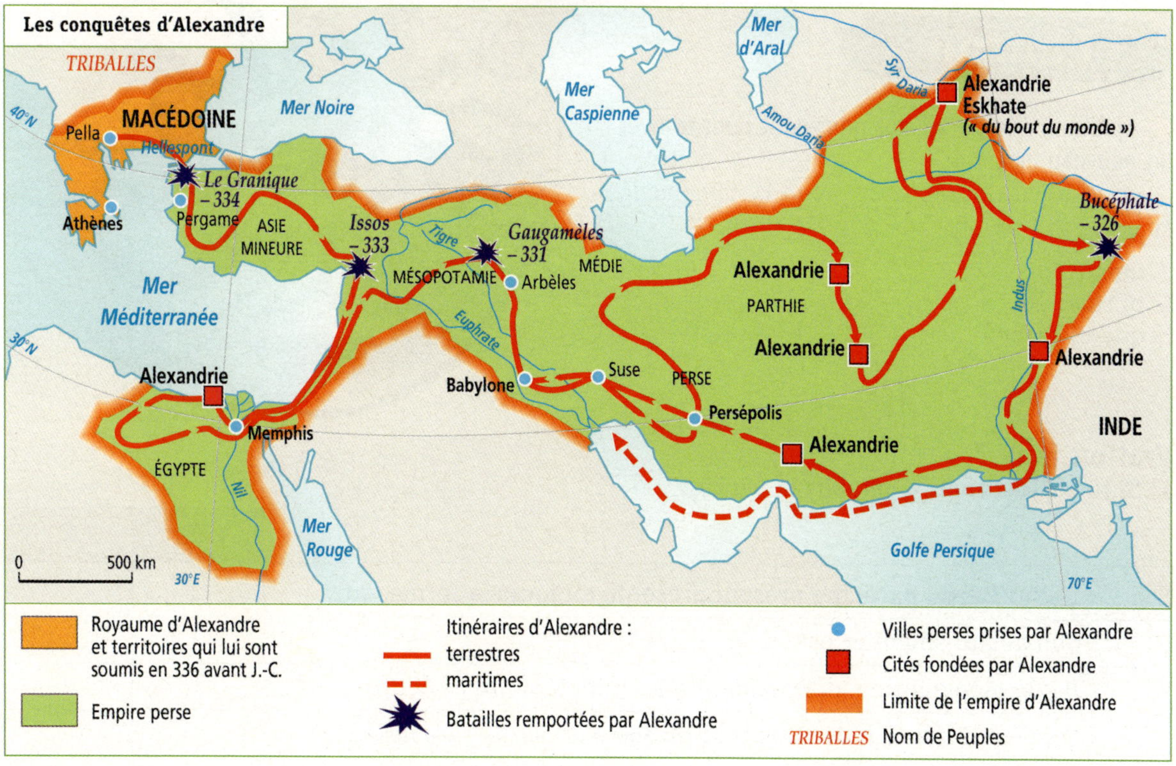

Bilan de la séquence 6

Étymologie

1 *Nom*, en grec, se dit ὄνομα (onoma) et donne l'élément français *-onym-*. Complète, grâce à lui, les phrases suivantes.

a. « Ennuyer » est le ... d' « embêter ».
b. Quand je surfe sur Internet, je n'utilise pas mon nom, mais un ...
c. « Vert », « verre » et « vair » sont des ... : en connais-tu d'autres ?
d. Dans une bande dessinée, pour représenter un bruit, on utilise des ..., comme " Bang ! " pour la détonation d'un pistolet.
e. On ne connaît pas l'auteur de ce texte : il est resté ...

2 Le pouvoir, qu'Alexandre voulut conquérir tout au long se sa vie, pouvait se dire ἀρχή (archè) ou κράτος (cratos) en grec. Découvre, derrière ces définitions, les mots français qui en sont issus.

a. gouvernement du peuple
b. Louis XIV l'a rendue absolue
c. absence de pouvoir
d. gouvernement de Dieu (un indice : un polythéiste croit en plusieurs dieux)
e. ange d'un rang élevé

Alexandre le Grand.
Médaille en argent (300 av. J.-C.).

Langue

1 Ajoute une lettre au mot précédent pour trouver un nouveau mot.

1. va —
2. tu vas — —
3. que tu sois — — —
4. tu sais — — — —
5. que tu saches — — — — —

Vrai ou faux ?

2 Si tu coches « faux », rétablis la vérité !

	V	F
• Le suffixe du participe présent présente toujours la forme -**nt**.		
• Son ablatif singulier est en -**i**.		
• Il a la même forme au nominatif masculin, féminin et neutre.		
• On peut traduire **judicibus jubentibus** par : *sur l'ordre des juges.*		

Civilisation

❶ Retrouve dans cette grille des Grecs célèbres que tu as découverts dans les chapitres 11 et 12. Précise, pour chacun d'eux, le domaine dans lequel il s'est fait connaître.

C	I	C	E	R	O	P	E	P	A	N
I	Z	E	N	O	N	Y	U	M	P	E
E	E	P	E	G	D	T	C	Z	L	R
D	P	S	R	S	U	H	L	O	A	O
E	P	I	U	R	E	A	I	A	T	N
M	I	M	C	U	I	G	D	N	O	S
I	L	E	I	D	I	O	G	E	N	E
H	I	P	P	O	C	R	A	T	E	L
C	H	Z	E	G	B	E	L	L	I	A
R	P	N	A	E	C	N	I	B	P	H
A	S	O	C	R	A	T	E	N	L	T
T	R	A	L	E	X	A	N	D	R	E

❷ Voici sept devinettes. Derrière chacune d'elles se cache le nom d'un pays ou d'un peuple de l'Antiquité : à toi de le retrouver ! (Veille à rétablir la bonne orthographe !)
Quels sont les peuples et les pays qui n'ont pas été concernés par l'aventure d'Alexandre ?

a. on la pourchasse dans les régimes alimentaires
b. endroit où l'on fait des découvertes archéologiques
c. plat composé de petits morceaux de légumes coupés en dés
d. abréviation que l'on appose à certains compact-disc
e. dernier rempart d'une équipe de football
f. les deux premières syllabes du verbe utilisé par ceux qui collectent l'impôt
g. Que distribuent les joueurs de poker ? Fais suivre ta réponse par ce que cachent les vieilles personnes coquettes.

Dossier

Initiation au Grec

❶ Repère sur la carte p. 115 les villes ou régions dont il est question dans les chapitres 9 et 12.

❷ Voici l'alphabet grec. Compare-le avec l'alphabet français : quelles lettres apparaissent ? Quelles lettres disparaissent ?

Minuscule	Majuscule	Prononciation	Nom de la lettre
α	Α	a	alpha
β (initial)/ ϐ (ailleurs)	Β	b (moderne : v)	bêta
γ	Γ	g (moderne : y devant e et i)	gamma
δ	Δ	d (moderne : « th » de l'anglais « the »)	delta
ε	Ε	é	epsilon[1]
ζ	Ζ	dz (moderne : z)	dzêta
η	Η	è (moderne : i)	êta
θ	Θ	th (moderne : « th » de l'anglais « thing»)	thêta
ι	Ι	i	iota[2]
ϰ	Κ	k	kappa
λ	Λ	l	lambda
μ	Μ	m	mu
ν	Ν	n	nu
ξ	Ξ	x	xi
ο	Ο	o	omicron[1]
π	Π	p	pi
ϱ	Ρ	r	rhô
σ (initial)/ et milieu mot ς (fin de mot)	Σ	s	sigma
τ	Τ	t	tau
υ	Υ	u (moderne : i)	upsilon[1]
φ	Φ	ph	phi
χ	Χ	k (moderne : comme «ch» en allemand)	khi
ψ	Ψ	ps	psi
ω	Ω	ô	ôméga

1. Prononcez respectivement *épsilonn, omicronn*, et *upsilonn*.
2. Le iota peut être « souscrit », c'est-à-dire écrit sous une voyelle longue ; dans ce cas, il ne se prononce pas :
Exemples : ᾳ, ῃ, ῳ.

Si la voyelle est majuscule, le iota est « adscrit », c'est-à-dire écrit à côté, mais ne se prononce toujours pas :
Exemples : Ἅιδης, *Hadès.*

La Grèce antique

❸ Voici le nom de plusieurs parties du corps humain :

l'œil	ὁ ὀφθαλμός
la peau	τὸ δέρμα
le cœur	ἡ καρδία
le souffle	τὸ πνεῦμα
le foie	τὸ ἧπαρ
le rein	ὁ νεφρός
le sang	τὸ αἷμα (génitif : τοῦ αἵματος)

Sachant que le suffixe français *–logie* vient du grec ὁ λόγος et signifie « l'étude de », à quelle spécialité médicale devras-tu faire appel si tu souffres d'une ces parties du corps ?

❹ Voici une liste de dieux grecs : Ζεύς - Ἥφαιστος - Ἄρτεμις - Ποσειδῶν - Ἥρα - Ἑρμῆς - Ἀθηνᾶ.

a. Lis leurs noms, recopie-les, puis écris-les en majuscules grecques.

b. À quel dieu romain correspond chaque dieu grec ?

c. Quelles sont les fonctions de chacun d'eux ?

d. Associe chacun des attributs suivants à un dieu de la liste : trident – arc et flèches – casque ailé – foudre – chouette – paon – marteau et enclume.

Dossier

5 Voici deux extraits de la *Bibliothèque* d'Apollodore :

- Καὶ Κύκλωπες τότε Διὶ μὲν διδόασι βροντὴν καὶ ἀστραπὴν καὶ κεραυνόν · Πλούτωνι δὲ κυνέην, Ποσειδῶνι δὲ τρίαιναν. Οἱ δὲ τούτοις ὁπλισθέντες κρατοῦσι Τιτάνων, καὶ καθείρξαντες αὐτοὺς ἐν τῷ Ταρτάρῳ τοὺς ἑκατόγχειρας κατέστησαν φύλακας. Αὐτοὶ δὲ διακληροῦνται περὶ τῆς ἀρχῆς, καὶ λαγχάνει Ζεὺς μὲν τὴν ἐν οὐρανῷ δυναστείαν, Ποσειδῶν δὲ τὴν ἐν θαλάσσῃ, Πλούτων δὲ τὴν ἐν Ἅιδου. [...]

- Et c'est alors que les ______ donnent à ______ le tonnerre et l'éclair et la foudre ; à ______, le casque d'invisibilité, à ______ le trident. Munis de ces armes ils vainquent les ______, et après les avoir emprisonnés dans le ______, ils leur ont donnés comme gardiens les Hécatonchires. Ensuite ils tirent au sort le pouvoir, et ______ obtient le royaume du ciel, ______ celui de la mer, ______ celui des Enfers. [...]

- Λητὼ δὲ συνελθοῦσα Διὶ κατὰ τὴν γῆν ἅπασαν ὑφ᾽ Ἥρας ἠλαύνετο · μέχρις εἰς Δῆλον ἐλθοῦσα γεννᾷ πρώτην Ἄρτεμιν ὑφ᾽ ἧς μαιωθεῖσα ὕστερον Ἀπόλλωνα ἐγέννησεν.

  Ἄρτεμις μὲν οὖν τὰ περὶ θήραν ἀσκήσασα παρθένος ἔμεινεν, Ἀπόλλων δὲ τὴν μαντικὴν μαθὼν παρὰ Πανὸς, τοῦ Διὸς καὶ Ὕβρεως, ἧκεν εἰς Δελφούς, χρησμῳδούσης τότε Θέμιδος. Ὡς δὲ ὁ φρουρῶν τὸ μαντεῖον Πύθων ὄφις ἐκώλυεν αὐτὸν παρελθεῖν ἐπὶ τὸ χάσμα, τοῦτον ἀνελὼν τὸ μαντεῖον παραλαμβάνει.

- Après s'être uni à ______, ______ était pourchassée à travers toute la terre par ______ ; arrivée à ______ elle donna naissance d'abord à ______ avec l'aide de qui elle accoucha ensuite d'______. ______ donc se consacra à la chasse et resta vierge, tandis qu'______ ayant appris l'art de la divination de ______, le fils de ______ et d'______, allait à ______, où, à cette époque, ______ rendait des oracles. Mais comme le serpent ______, qui gardait l'oracle, l'empêchait d'approcher la porte, il le tua et se chargea de l'oracle.

Apollodore (v. 180),
Bibliothèque, I, 2, 1 et I, 4, 1

6 Observe attentivement cette statue : d'après la légende, quel personnage représente-t-elle ? À ton avis, quel objet, aujourd'hui disparu, devait se trouver dans sa main droite ? Et si, comme on l'a cru longtemps, cette statue représentait Zeus, quel objet aurait pu apparaître dans cette même main ?

Poséïdon.
Statue.
Musée national d'archéologie, Athènes.

Questions

1 Lis le texte grec à voix haute, puis lis sa traduction : que racontent ces deux extraits ?
2 En t'aidant du texte grec, complète la traduction avec les noms propres qui ont disparu.
3 Fais des recherches au C.D.I. ou en bibliothèque à propos de ces deux mythes.
4 Artémis est citée deux fois dans le texte. Relève les mots grecs qui la désignent : que remarques-tu ? À ton avis, à quoi est due cette différence ?
5 Repère sur la carte page 115 les lieux cités dans le texte.

Exposés

1 Choisis un dieu grec et fais son portrait à tes camarades.

2 L'architecture grecque : les trois ordres, le plan-type des temples, etc. Cherche ensuite des bâtiments romains ou contemporains qui s'inspirent de la même architecture.

3 Fais des recherches sur la Grèce moderne : géographie, histoire, société, etc. La langue parlée aujourd'hui est-elle la même qu'au temps d'Apollodore ?

F'Murr, *Sabotage et pâturage*,
« le génie des alpages »

Séquence 7
La cité d'au-delà des mers

À quelle époque se déroule cette histoire ?
Qui sont réellement les hommes portant casques et cottes de mailles ?
À quelle armée sont-ils censés appartenir, d'après le thème abordé dans cette séquence ?

VOUS AVEZ TORT, C'EST UN SPECTACLE UNIQUE ET RARE QUE DE VOIR PASSER UNE CARAVANE D'ÉLÉPHANTS DANS LES ALPAGES !
ET GUERDE!
POUIF!
195 A
QU'EST-CE QUI SE PASSE LÀ-DERRIÈRE ?
AH, C'EST PRATIQUE, J'TE JURE!
TOURISTES.
TU LES AS VEXÉS.
ON NE FROISSE PAS IMPUNÉMENT UN SCIENTIFIQUE - C'EST RANCUNIER, UN SCIENTIFIQUE !!
TOURISTE.
DISPERSEZ-VOUS! UNE EMBUSCADE ROMAINE !!
PAGE CINQ DU MANUEL!
T'AS VU SKYA SUR TA TÊTE ?
ET TOI, TU NE T'ES PAS REGARDÉ ?
195 B

13 Carthage, une capitale africaine

Objectifs

- lecture : lire un récit historique
- langue : distinguer les compléments de lieu
  identifier les 4e et 5e déclinaisons
- civilisation : découvrir la naissance de Carthage

Lecture

Le prix du sang

Carthage et Cyrène, deux villes voisines d'Afrique du Nord, se disputent un territoire. Pour décider de la ligne de partage, on choisit une solution pacifique : deux représentants de chaque camp partiront de leur cité en même temps et l'endroit où ils se retrouveront servira de frontière.

Igitur Carthagine duo fratres missi, quibus nomen Philaenis erat, maturavere iter pergere : Cyrenenses tardius iere.

Id socordiane an casu acciderit parum cognovi. [...] Postquam Cyrenenses aliquanto posteriores se esse vident, et ob rem corruptam domi poenas metuunt, criminari Carthaginienses ante tempus domo digressos, conturbare rem, denique omnia malle quam victi abire. Sed cum Poeni aliam condicionem, tantummodo aequam, peterent, Graeci optionem Carthaginiensium faciunt ut vel illi, quos fines populo suo peterent, ibi vivi obruerentur, vel eadem condicione sese quem in locum vellent processuros.

Philaeni, condicione probata, seque vitamque suam rei publicae condonavere : ita vivi obruti.

Salluste (86-34 av. J.-C.) *Guerre de Jugurtha* LXXIX, 5-9
traduction Alfred Ernout , © Les Belles Lettres

Fut-ce paresse de leur part ou accident, nous ne savons. [...] Lorsque les Cyrénéens se virent assez bien devancés, craignant d'être punis pour avoir trahi la cause de leur cité, ils accusent les Carthaginois d'être partis de chez eux avant le temps fixé ; ils contestent les résultats de l'épreuve ; bref, ils préfèrent tout à la honte de s'en aller vaincus. Les Carthaginois demandent alors qu'on fixe d'autres conditions, pourvu qu'elles soient équitables. Les Grecs[1] leur donnent à choisir : soit d'être enterrés vifs à l'endroit où ils voulaient fixer les limites de leur pays, soit de les[2] laisser s'avancer, à pareille condition, jusqu'à l'endroit qu'ils voudraient.

Notes

1. les Cyrénéens
2. *les* désigne les Cyrénéens

Aide à la traduction

maturavere = **maturaverunt** (de **maturo, as, are** : *se hâter de* + infinitif)

pergo, is, ere, perrexi, perrectum : *accomplir entièrement*

Philaeni, orum, m. pl. : *les Philènes*

Cyrenenses, ium, m. pl. : *les Cyrénéens, habitants de Cyrène*

iere = **iverunt**

condonavere = **condonaverunt** (de **condono, as, are, avi, atum** : *sacrifier*)

obruo, is, ere, rui, rutum : *ensevelir* (sous-entendu **sunt**)

Site de Cyrène.

Lire le texte

1 **a)** Repère dans la première phrase les noms qui désignent les deux camps en présence. Puis traduis-la. **b)** D'après cette phrase, qui perd du temps ?

2 Lis la suite du texte. **a)** Quelle explication donne le narrateur ? **b)** Repère les deux noms latins utilisés. Connais-tu leurs déclinaisons ?

3 Quelle tactique adoptent les Cyrénéens pour ne pas être punis ? Que penses-tu de ce comportement ? L'épreuve apparaît-elle toujours aussi pacifique ?

4 Traduis la dernière phrase du texte : quelle est la réaction des Carthaginois devant cette mauvaise foi ? À ton avis, qu'est-ce qui les motive ? Quel trait de caractère est ainsi mis en évidence ?

Site de Carthage.

Étymo logie

LES TROUVAILLES D'ETYMON

Un *accident* (**casus, us**) est un événement grave, parfois tragique. Qui pourrait croire alors que ce nom a la même origine que le mot *chance*, synonyme de bonheur ? Pourtant, dans les deux cas, tout se résume à une *chute*.

En effet, de même qu'un *accident* nous tombe dessus sans prévenir, la *chance* arrive elle aussi bien souvent à l'improviste. D'ailleurs, en ancien français, le mot ***chéance*** signifiait la façon dont tombent les dés. Ce n'est donc pas un hasard si ces deux mots descendent de la même racine indo-européenne **cad** (**cas**, **cid**), qui signifiait déjà *tomber*.

Un homme *malchanceux*, c'est en quelque sorte quelqu'un qui tombe mal. C'est ce qu'exprimait le verbe **meschoir**, qui donna l'adjectif *méchant*. Puis le *malchanceux* devint *malveillant*, ce qui n'est pas si surprenant.

LES DEVINETTES D'ETYMON

1 Trouve les mots correspondant aux définitions suivantes :

a) *chute d'eau*
b) *corps mort*
c) *fait de commettre une nouvelle infraction après avoir été déjà condamné*

2 Complète les phrases suivantes avec des mots issus de la racine **cad** (**cas, cid**) :

a) *Allez ! Tu ne trouveras jamais une plus belle* .... *de lui parler.*
b) *Le chêne est un arbre à feuilles* ....
c) *Alors que la Chine est en Orient, la France est en* ....

Les compléments de lieu

	Questions	Adverbes	Prépositions	Exceptions	Noms de villes	
					Ab. seul	**locatif**
→ ■ ← **lieu où l'on est**	**Ubi es ?** *Où es-tu ?*	**hic, ibi** *ici*	**in + Ab.** in loco sum	**locatif** domi, ruri sum	Carthagine sum	Romae sum Corinthi sum
→ ■ **lieu où l'on va**	**Quo is ?** *Où vas-tu ?*	**huc** *là*	**in/ad + Ac.** in locum eo	**Ac. seul** domum, rus eo	**Ac. seul** Carthaginem eo Romam eo	
■ → **lieu d'où l'on vient**	**Unde abis ?** *D'où pars-tu ?*	**hinc** *d'ici*	**e(x)/a(b) + Ab.** e loco abeo	**Ab. seul** domo, rure abeo	**Ab. seul** Carthagine abeo Roma abeo	

Remarque : le locatif est un ancien cas, en **-ae** et **-i**, employé pour les noms de villes des 1re et 2e déclinaisons au sing. et pour **domus** *(maison)* et **rus** *(campagne)* afin d'indiquer le lieu où l'on est.

Les 4e et 5e déclinaisons

• Voici les deux dernières déclinaisons : la 4e et la 5e. Celles-ci se caractérisent par un radical en voyelle (**u** et **e**) auquel s'ajoutent les désinences que tu connais déjà.

1. La 4e déclinaison

• Les noms dont le génitif est en **-us** suivent la 4e déclinaison :
manus, us, f. : *la main.*

	Singulier	*Pluriel*
N.	manus	manus
V.	manus	manus
Ac.	manum	manus
G.	manus	manuum
D.	manui	manibus
Ab.	manu	manibus

Remarque : les noms de cette déclinaison sont peu nombreux et surtout masculins.

2. La 5e déclinaison

• Les noms ayant le nominatif en **-es** et le G. en **-ei** suivent la 5e déclinaison :
res, rei, f. : *la chose, l'affaire.*

	Singulier	*Pluriel*
N.	res	res
V.	res	res
Ac.	rem	res
G.	rei	rerum
D.	rei	rebus
Ab.	re	rebus

Remarque : sur ce modèle se déclinent **dies, diei**, m. *(le jour)* et **respublica**, f. *(l'État, la république)* dont les deux éléments se déclinent séparément : **reipublicae.**

1 Pose les questions de lieu qui correspondent aux réponses suivantes.

1. Carthagine duo fratres mittuntur.
2. Graeci domi poenas metuunt.
3. Carthaginienses ante tempus domo abeunt.
4. Duo fratres in hunc locum procedunt.
5. Philaeni ibi vivi obruti sunt.

**2 a) Recherche dans le lexique le sens de ces mots des 4e et 5e déclinaisons.
b) Classe-les par champs lexicaux.**

1. acies – 2. adventus – 3. casus – 4. crepitus – 5. currus – 6. cursus – 7. exercitus – 8. facies – 9. fides – 10. gemitus – 11. habitus – 12. impetus – 13. magistratus – 14. metus – 15. quies – 16. respublica – 17. senatus – 18. species – 19. spes – 20. successus – 21. vultus.

3 Traduis ces mots et transpose-les aux cas demandés entre parenthèses.

1. l'espoir (G. sg., Ab. sg., Ac. sg., D. sg.)
2. la république (Ac. sg., Ab. sg., D. sg., G. sg.)
3. la crainte (Ab. sg., Ac. sg., G. sg., D. sg.)
4. l'armée (G. pl., G. sg., D. sg., N. pl.)

4 Traduis ces phrases tirées des textes que tu as rencontrés dans les chapitres précédents.

1. Cum fortiores exercentur et manus plumbo graves jactant *(lancent)*, gemitus audio.
2. Prolatis rebus, parasiti venatici sumus, quando res redierunt, molossici.
3. Hic equus non in arcem *(citadelle)*, verum in arcam *(coffre)* faciet *(fera)* impetum.
4. Magna me spes tenet, judices.

5 Traduis en latin ce qui est en français et vice versa.

Les deux frères qui s'appelaient Philènes sont envoyés de Carthage : ils se hâtent de faire chemin. **Cum Graeci vident se non primos esse, domi poenas metuunt. Igitur rem conturbant** *(brouillent)* **et aliam condicionem petunt.** *Ainsi, après avoir approuvé la condition, les Philènes courent vers le lieu dans lequel ils furent enterrés vivants.*

6 En complétant chacun des mots, tu découvriras les lettres d'un message secret !

1. Im_etus – 2. _abitus – 3. ac_es – 4. vu_tus – 5. f_cies – 6. r_spublica – 7. se_ atus – 8. exerc_tus – 9. ad_entus – 10. f_des – 11. _ursus – 12. succ_ssus – 13. c_epitus – 14. magistrat_s – 15. se_atus – 16. me_us.

Vocabulaire à retenir

Noms

casus, us, m. : ***la chute, le hasard***
condicio, onis, f. : ***la condition***
facies, ei, f. : ***le visage***
iter, itineris, n. : ***le chemin, le voyage***
nomen, inis, n. : ***le nom***
poena, ae, f. : ***la peine, le châtiment***
vita, ae, f. : ***la vie***

Verbes

abeo, is, ire, ii, itum : ***partir***
cado, is, ere, cecidi, casum : ***tomber***
metuo, is, ere, metui, metutum : ***craindre***
peto, is, ere, petivi (ii), petitum : ***demander à qqun*** (+Ab.)
probo, as, are, avi, atum : ***approuver***

Mots invariables

ante (+Ac.) : ***avant***
igitur : ***donc***
at : ***mais***

Civilisation

Découvrir

Un dieu cruel

En 310 av. J.-C., la ville de Carthage est assiégée par Agathocle, le tyran de Syracuse. Les habitants s'interrogent : pourquoi les dieux les ont-ils abandonnés ? Auraient-ils commis une faute ?

Ils estimèrent que Kronos* leur était hostile. En effet, eux qui auparavant sacrifiaient à ce dieu les meilleurs de leurs fils, s'étaient mis à acheter secrètement des enfants qu'ils nourrissaient puis envoyaient au sacrifice. Après enquête, on découvrit que certains des enfants immolés avaient été sacrifiés à la place d'autres. Considérant ces choses et voyant l'ennemi campé devant leurs murs, ils éprouvaient une crainte religieuse à l'idée d'avoir ruiné les honneurs traditionnels dus aux dieux. Brûlant du désir de réparer leurs errements, ils choisirent deux cents enfants des plus considérés et les sacrifièrent au nom de l'État. D'autres, qui étaient accusés, se livrèrent d'eux-mêmes ; leur nombre atteignit trois cents. Il y avait à Carthage une statue de Kronos en bronze, les mains étendues, la paume en haut, et penchées vers le sol, en sorte que l'enfant qui y était placé roulait et tombait dans une fosse pleine de feu.

Diodore de Sicile, *Bibliothèque historique*, XX, 14, 4 in François Decret, *Carthage ou l'empire de la mer*, (Points n° H30 © Seuil – 1977)

Note

* l'auteur de ce texte, un Grec, assimile le dieu carthaginois Ba'al Hammon au Kronos grec, car tous les deux dévoraient leurs enfants

Questions

1 Pourquoi Ba'al Hammon-Kronos semble-t-il être hostile aux Carthaginois ?

2 Que font ces derniers pour réparer cette « erreur » ?

Lire l'image

Voici une reconstitution de Carthage. Le bâtiment circulaire qui apparaît dans le fond est le port.

1 Quelle impression générale se dégage de cette représentation ? Argumente ta réflexion.

2 Quelle place semble tenir le port dans cette ville ? Que peux-tu en déduire sur la civilisation carthaginoise ? Que penses-tu de la forme de ce bâtiment ?

Reconstitution de Carthage, d'après Paul Aucler. Gravure (fin XIXe s.). Angleterre.

Carthage : naissance d'une puissance

Avant les Romains ou les Grecs, ce sont les Phéniciens qui dominaient la Méditerranée. Tyr était leur capitale. À sa mort, Mutto, roi de Tyr, lègue son royaume à ses deux enfants, le jeune Pygmalion et la belle Elissa (dite Didon).

Une femme de caractère

Elissa épouse son oncle, le riche Acherbas, grand prêtre de Melqart. Mais Pygmalion, ambitieux, veut le pouvoir et la richesse pour lui seul. Il fait donc assassiner Acherbas et tente de dérober son trésor. Elissa, par ruse, parvient à s'enfuir avec l'or. Accompagnée d'amis fidèles, elle part fonder une nouvelle ville : Carthage ou Qart Hadasht (« Nouvelle Ville »).

Mais le lieu qu'elle a choisi pour sa cité est déjà occupé. Les propriétaires consentent cependant à vendre à Elissa un terrain, grand comme la peau d'un bœuf. Impossible dans ces conditions de bâtir une ville ! La jeune reine recourt donc une nouvelle fois à la ruse : elle coupe la peau du bœuf en fines lanières. La surface recouverte est ainsi bien plus vaste. Carthage peut naître !

Énée y rencontre Didon, alors qu'il cherche lui-même à fonder une nouvelle civilisation, dans *L'Énéide* de Virgile.

Des commerçants intrépides

Enfant des Phéniciens, dont la réputation de commerçants n'était plus à faire, le peuple punique (nom donné aux Carthaginois par les Romains) étend son empire maritime sur l'ouest de la Méditerranée et le défend jalousement : si un bateau étranger ose y pénétrer, il est coulé sur-le-champ. Ainsi, Carthage peut commercer sans concurrence ou presque, et faire de remarquables affaires.

De plus, les Carthaginois ne cessent de chercher de nouveaux marchés et n'hésitent pas pour cela à quitter la tranquille **Mare nostrum** pour affronter l'Atlantique et ses dangers. L'expédition la plus célèbre est sans conteste celle du roi Hannon. Il part avec 60 navires et 30 000 hommes afin de fonder des colonies sur la côte africaine. Son périple l'entraînera jusqu'au Cameroun !

Des dieux exigeants

Pour les protéger durant ces voyages, les Carthaginois pouvaient invoquer le Seigneur Ba'al Hammon ou la Dame Tanit, les principaux dieux puniques.

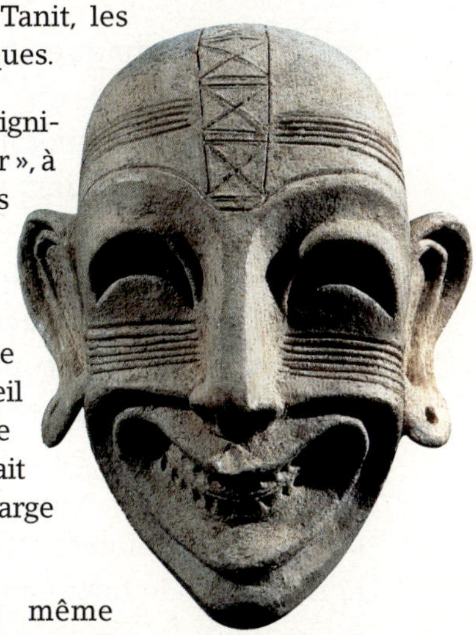

Le nom du premier signifierait « Maître du brasier », à cause, sans doute, des sacrifices qu'il exigeait et dont tu as lu un témoignage ci-contre. On pense également que c'était le dieu du soleil incandescent. Alors que Tanit, elle, représenterait la lune et aurait pour charge la fécondité.

Signalons tout de même qu'encore aujourd'hui on ignore si les Carthaginois sacrifiaient réellement leurs enfants, ou si cette histoire est une pure invention des Grecs et des Romains.

À gauche :
Monnaie représentant un bâteau phénicien (VIe-Ier s. av. J.-C.).
Musée national d'archéologie, Beyrouth.

En haut :
Masque punique (VII-VIe av. J.-C.).
Terre cuite.
Musée du Bardo, Tunis.

Ci-contre :
Stèle punique dédicacée à Baal et Tanit.
Bas-relief.
Carthage.

14 En lutte contre Rome

Objectifs
- lecture : lire un récit historique
- langue : identifier l'imparfait et le plus-que-parfait du subjonctif
- civilisation : découvrir les ennemis de Carthage

Lecture

Les caprices de la météo

Au cours de la deuxième guerre qui opposa Rome et Carthage (218-201 av. J.-C.), Hannibal, le général qui commandait les troupes carthaginoises, décida d'aller frapper les Romains chez eux, en Italie. Au printemps 211, il se trouve aux portes de Rome.

Instructis utrimque exercitibus in ejus pugnae casum in qua urbs Roma victori praemium esset, imber ingens grandine mixtus ita utramque aciem turbavit ut vix armis retentis in castra sese receperint, nullius rei minore quam hostium metu. **Et postero die eodem loco acies structas eadem tempestas diremit ; ubi recepissent se in castra, mira serenitas cum tranquillitate oriebatur.** In religionem ea res apud Poenos versa est, auditaque vox Hannibalis fertur « potiundae sibi urbis Romae modo mentem non dari, modo fortunam. »

Tite-Live (59 av. J-C-17 ap. J.-C.), *Histoire romaine,* XXVI, 11, 1-4

Alors que les deux armées étaient rangées, en cette occasion, pour un combat dans lequel Rome était la récompense du vainqueur, des trombes d'eau et de grêle bouleversèrent tellement les rangs des deux armées que les soldats eurent du mal à garder leurs armes et qu'ils se replièrent dans leurs camps sans craindre aucunement leur ennemi.

Chez les Carthaginois, ce phénomène passa pour un signe des dieux et on entendit, à ce qu'on raconte, Hannibal dire que c'était tantôt l'intention de s'emparer de Rome, tantôt l'occasion de le faire qui ne lui avait pas été accordée.

Campement d'Hannibal. Fontaine en céramique (XIXe s.). Bargello, Florence.

Aide à la traduction

postero die : *le lendemain*
idem, eadem, idem (→ déclinaison p. 201) : *le même*
tempestas, atis f. : *l'orage, la tempête*
dirimo, is ere, emi, emptum : ici *disperser*
ubi : *quand*
mirus, a um : *étonnant*
serenitas cum tranquillitate : *un ciel calme et sans nuages*
orior, eris, iri, ortus sum : *survenir*

Lire le texte

1 Cette bataille te semble-t-elle importante ? Relève en latin l'expression qui justifie ta réponse.

2 Qu'est-ce qui empêche la bataille d'avoir lieu ? Par quels détails significatifs la violence de ce phénomène est-elle suggérée ? Relève les expressions latines qui en rendent compte.

3 Après avoir relu attentivement le début du texte, traduis le passage en gras en t'aidant des notes suivantes :

a) Quel petit mot latin répété deux fois souligne la similitude des circonstances ?

b) Ubi se castra recepissent : cette expression est déjà traduite dans les phrases précédentes !

c) Tu traduiras le verbe **recepissent** par un imparfait de l'indicatif : sa terminaison latine t'est-elle familière ?

4 Que pensent les soldats carthaginois ? En quoi le passage que tu viens de traduire éclaire-t-il leur réaction ?

5 Que peut-on déduire de la remarque d'Hannibal ? A-t-il encore la volonté de prendre Rome d'assaut ?

Hannibal sur son éléphant.
Plat en céramique (IIIe s. av. J.-C.). Musée de la villa Giulia, Rome.

Étymo logie

LES TROUVAILLES D'ETYMON

Quand on connaît le sens de **tempestas**, on ne s'étonne pas qu'il ait donné naissance à la *tempête*. Mais **tempestas**, tout comme **tempus**, ne se rapporte pas seulement au *temps qu'il fait*, mais aussi au *temps qui passe*. Ces deux mots désignent alors un morceau de ce temps qui s'écoule. Et cela peut être aussi bien un long moment, une saison par exemple, comme le *printemps* qui est la première d'entre elles (**primum tempus** en latin), qu'un court instant, notamment celui qui est propice à l'action, c'est-à-dire le « bon moment ». On comprend alors ce que les brusques changements de *temps* peuvent avoir d'*intempestif* ! Mais on a beau s'énerver et même *tempêter*, rien n'y fait : le ciel est le plus fort !

LES DEVINETTES D'ETYMON

Trouve, grâce aux définitions suivantes, des expressions courantes formées à partir du mot *temps* :

a) *ce qui empêche de faire ce qui était prévu*
b) *synonyme de hobby*
c) *ce qu'on espère quand on prend un raccourci*
d) *expression contraire de la précédente*

Le subjonctif imparfait (actif et passif)

• Pour le former, il suffit de prendre l'**infinitif présent** et d'ajouter les désinences (**actives** ou **passives**).

ACTIF : **amarem**, **amares**, **amaret**, **amaremus**, **amaretis**, **amarent**
PASSIF : **amarer**, **amareris**, **amaretur**, **amaremur**, **amaremini**, **amarentur**

→ tableaux p. 203 et 204

• Se conjuguent ainsi :
ACTIF : **monerem**..., **ducerem**..., **caperem**..., **audirem**..., **irem**..., **essem**...
PASSIF : **monerer**..., **ducerer**..., **caperer**..., **audirer**...,

Le subjonctif plus-que-parfait (actif)

• Pour le former, il suffit de prendre l'**infinitif parfait** et d'ajouter les **désinences.**
amavissem, **amavisses**, **amavisset**, **amavissemus**, **amavissetis**, **amavissent**

• Se conjuguent ainsi :
monuissem, **duxissem**, **cepissem**, **audivissem**, **ivissem**, **fuissem**...

La concordance des temps

• Si le verbe de la principale est au **passé**, le verbe de la subordonnée se met au **subjonctif imparfait.**

- Eum **rogo** ut **veniat**. *Je lui demande de venir.*
- Eum **rogabam** ut **veniret**. *Je lui demandais de venir.*

Proposition principale		Proposition subordonnée
PRÉSENT	→	SUBJONCTIF PRÉSENT
PASSÉ	→	SUBJONCTIF IMPARFAIT

Vocabulaire à retenir

Noms
ara, ae, f. : ***l'autel***
fides, ei, f. : ***la confiance, la promesse***
imber, bris, m. : ***la pluie***
religio, onis, f. : ***le scrupule religieux***
tempestas, atis, f. : ***la tempête***

Pronom
idem, eadem, idem (G. **ejusdem**, D. **eidem**) : ***le/la même***

Verbes
opto, as, are, avi, atum (**ut/ne** + subj.) : ***souhaiter que***
oro, as, are, avi, atum (**ut/ne** + subj.) : ***prier que***
peto, is, ere, petivi, petitum (**ut/ne** + subj.) : ***demander** (à quelqu'un)* ***de*** (ab + Ab.)
recipio, is, ere, cepi, ceptum : ***reprendre***
(**se recipere** : ***se retirer***)
rogo, as, are, avi, atum (**ut/ne** + subj.) : ***demander que***
turbo, as, are, avi, atum : ***troubler, perturber***

Mots invariables
cum + ind. : ***quand***
cum + subj. : ***comme, alors que***
simul : ***en même temps***
tum : ***alors***

1 Transpose au subjonctif présent (voir leçon p. 102), imparfait et plus-que-parfait les verbes suivants.

1. capit – 2. turbant – 3. vincimus – 4. es – 5. rogo – 6. venitis – 7. it

2 Voici des verbes à l'indicatif. Transpose-les au subjonctif en conservant le même temps et la même personne.

1. **a.** vincebant – **b.** audiebamus – **c.** dicebas – **d.** faciebatis – **e.** timebam – **f.** rogabam.
2. **a.** capiebamini – **b.** monebamur – **c.** videbatur – **d.** laudabantur – **e.** audiebaris – **f.** ducebar.
3. **a.** audiveramus – **b.** feceram – **c.** duxeras – **d.** dederat – **e.** tulerant – **f.** dixeratis.

3 Choisis la forme correcte du verbe de la subordonnée en justifiant ton choix. Traduis la phrase obtenue.

1. Accidebat ut eadem tempestas in eodem loco acies **turbet** / **turbaret.**
2. Hannibal optat ut milites **vincant** / **vincerent.**
3. Romani deos orant ut hostes **abeant** / **abirent.**
4. A consule Romani petebant ut legiones **pugnent** / **pugnarent.**
5. Hannibal milites rogavit ut in castra se **recipiant** / **reciperent.**

4 Traduis ces phrases en distinguant le sens de CUM + indicatif et CUM + subjonctif.

1. Cum ingens imber acies turbaret, milites in castra se receperunt.
2. Cum in castra se recepissent, caelum serenum *(serein)* fuit.
3. Cum e castris exibant, eadem tempestas erat.
4. Cum Hannibal religione retineretur, proelium non commisit.

5 Traduis les phrases latines de ce texte.

Hamilcar demande à son fils Hannibal, âgé à peine de neuf ans, s'il veut le suivre dans ses expéditions contre Rome. C'est Hannibal qui raconte l'épisode.

Id cum libenter accepissem, atque ab eo petere coepissem ne dubitaret ducere, tum ille : « Faciam, inquit, si fidem mihi, quam postulo, dederis ». Simul me ad aram adduxit, apud quam sacrificare instituerat, *et, alors que tous avaient été écartés et que je tenais ma main sur l'autel,* **jurare jussit nunquam me in amicitia cum Romanis fore.**

Cornelius Nepos, *Hannibal*, 2

Aide à la traduction

libenter : *volontiers*
accipio, is, ere, cepi, cetum : *accepter*
dubito, as, are, avi, atum : *hésiter*
coepi : *j'ai commencé*
inquit : *dit-il* (verbe en incise)
postulo, as, are, avi, atum : *demander*
adduco, is, ere, duxi, ductum : *conduire*
apud (+ Ac.) : *auprès de*
sacrifico, as, are, avi, atum : *faire un sacrifice*
instituo, is, ere, tui, tutum : *commencer*
juro, as, are, avi, atum : *jurer*
fore : inf. futur de **esse**.

Civilisation

Découvrir

Sans pitié !

En 149 av. J.-C. commence la troisième guerre punique : les Romains assiègent Carthage. Après trois ans d'une lutte acharnée, ils donnent l'assaut final. S'engage alors une bataille de rues qui dure sept jours.

Trois larges avenues, bordées d'immeubles de six étages, s'ouvrent devant eux. Mais chaque demeure a été transformée en forteresse ; il faut les prendre l'une après l'autre, et la lutte au sol se double d'une lutte dans les airs, sur les terrasses où les combattants puniques et leurs familles trouvent un ultime refuge. Personne ne se rend. Devant tant d'acharnement, pour limiter leurs pertes, les Romains décident d'allumer un gigantesque incendie. Commence alors une succession de scènes d'horreur : les hommes, les femmes, les enfants, les vieillards, plus ou moins gravement brûlés, tombent avec les maisons qui s'effondrent, et sont écrasés sous les gravats ; des soldats utilisent des crocs pour débarrasser le chemin des corps qui gisent sur le sol [...] ; là-dessus, la cavalerie se précipite, et les sabots des chevaux s'enfoncent dans les corps qui n'ont pas encore été enlevés.

Yann Le Bohec, *Histoire militaire des guerres puniques*,

Questions

1. Relève les mots ou expressions qui illustrent la résistance des Carthaginois.
2. D'après ce texte, quels sont les objectifs des Romains ? Sont-ils comparables à ceux des Carthaginois dans le texte p. 126 ?

Lire l'image

1. Décris l'armée qui occupe l'arrière-plan de cette image : s'agit-il de Romains ou de Carthaginois ? Quel détail te permet de répondre ?
2. Quelle est l'attitude des deux généraux ?
3. Que symbolise l'homme barbu au premier plan ?

Scipion et Hannibal à la bataille de Zama.
Tapisserie manufacture flamande (XVIe s.).
Palais du Quirinal, Rome.

D'une guerre à l'autre

Jusqu'au IIIe siècle av. J.-C., Rome ne fut pas un souci pour Carthage. Ses ennemis d'alors étaient plutôt les riches cités grecques installées en Sicile et dans le sud de l'Italie.

Le choc de deux ambitions

Au début du IIIe siècle tout change : Carthage, qui détient l'ouest de la Sicile, la Sardaigne et la Corse, se retrouve nez à nez avec Rome qui contrôle depuis 270 av. J.-C. le sud de l'Italie où les cités grecques sont devenues ses alliées.

Chacune devient gênante pour l'autre. Le conflit éclate en 264 av. J.-C. à cause d'une simple bande de brigands : les Mamertins. Ces mercenaires d'origine italique qui guerroient tranquillement pour leur compte en Sicile sont attaqués par Carthage et font appel à Rome qui s'empresse de venir les défendre.

La guerre va durer un quart de siècle (264-241 av. J.-C.), chaque adversaire prenant tour à tour l'avantage. Carthage, puissance maritime, se fera finalement battre sur mer par les Romains, navigateurs laborieux mais persévérants.

La geste d'Hannibal

Une génération plus tard, Carthage, qui avait perdu son empire, s'est refait une santé grâce à la conquête du sud de l'Espagne, contrée riche en minerais.

Mais en 218 av. J.-C., les Carthaginois s'emparent de la cité espagnole de Sagonte, malgré les mises en garde répétées de Rome à qui les Sagontins ont demandé protection : c'est la guerre !

Sous l'impulsion d'Hannibal, jeune général audacieux, les Carthaginois, qui ne possèdent plus la maîtrise des mers, se lancent à l'assaut de l'Italie par voie de terre et font franchir les Alpes à une armée de 80 000 mercenaires et à... 37 éléphants !

En deux ans, Hannibal inflige à Rome, sans coup férir, quatre cuisantes défaites dont la dernière est comme un coup de grâce. Un grand nombre de peuples d'Italie se rangent alors du côté d'Hannibal. Rome est à genoux, mais, à la grande surprise des Carthaginois, elle ne s'avouera jamais vaincue et, peu à peu, reprendra même l'avantage. C'est qu'elle possède aussi son héros : Publius Cornélius Scipion. Celui-ci porte la guerre en Espagne dont il chasse les Carthaginois, puis débarque en Afrique. En 202, il réussit à vaincre Hannibal et lui impose une paix sévère.

« Carthago delenda est »

En 150 av. J.-C., Carthage est à nouveau florissante. Rome s'en inquiète d'autant qu'il s'agit de la cité qui, soixante-cinq ans auparavant, lui a fait mettre un genou à terre. Les Romains sautent donc sur le premier prétexte venu pour lui déclarer la guerre afin de l'anéantir définitivement. En 146, c'est chose faite !

En haut : Scipion et Hannibal s'affrontant lors de la bataille de Zama.
Miniature du Moyen Âge. Bibliothèque Sainte-Geneviève, Paris.

Ci-dessous : Joute navale. Fresque de Pompéi.
Musée national archéologique, Naples.

Bilan de la séquence 7

Étymologie

1 Au chapitre 14, tu as rencontré le verbe **orior** à propos d'un violent orage. En latin, ce verbe signifie *se lever* mais aussi *naître* et *tirer son origine de*. Complète les phrases suivantes en cherchant des mots apparentés à ce verbe.

a. Le Liban est un pays situé au …
b. À force de tourner à la recherche d'une place, Mohamed était complètement …
c. On appelle les premiers habitants de l'Australie les …
d. Sihem a été voir la conseillère d'… parce qu'elle ne sait pas quoi faire.

2 Au chapitre 13, il est question de deux *frères* (**frater**) qui sont obligés de *choisir* (**opto, as, are**) entre leur vie et leur honneur. Retrouve, grâce aux définitions suivantes, des mots apparentés à **frater** ou à **optare.**

a. fait partie de la devise de la République française
b. se dit des disciplines scolaires non obligatoires
c. prendre légalement pour fils ou pour fille
d. qualificatif employé par les avocats quand ils s'adressent à l'un d'entre eux

Langue

1 Énigme
Qui suis-je ?

Carthaginiensis sum ; adulescens, domo abii et cum patre in Hispaniam veni. Tum ab Hispania ad Italiam cum exercitu processi ; cum autem in Italia adfui, multae victoriae meae fuerunt. Religione tamen retentus, Romam non ivi. In Africam redii : ibi Romani me vicerunt.

2 Charades

a. Mon premier veut dire : « il va ».
Mon second désigne « une autre » (au N. f. sg.).
Mon tout est un lieu où se rendit Hannibal.

b. Mon premier est un « autel ».
Mon second est une « chose » (Ac. sg.).
Mon tout est une forme d'imparfait du subjonctif d'un verbe qui signifie « labourer ».

c. Mon premier est une préposition signifiant « devant » ou « pour ».
Mon second est le suffixe d'imparfait de l'indicatif.
Mon troisième est « une chose » à l'accusatif singulier.
Mon tout est une forme de subjonctif imparfait que tu traduiras.

Hannibal.
Détail d'un tableau
de Giambattista Pittoni (1687-1767).
Pinacoteca di Brera, Milan.

Civilisation

Observe les quatre documents suivants.
Distingue les dieux romains des dieux carthaginois. À quoi as-tu reconnu les premiers ? Quelles peuvent être les fonctions des dieux carthaginois ?

1

2

3

4

Cavalier numide.
Stèle de grès schisteux vert (IIIe s. av. J.-C.).
Chemtou.

Séquence 8
Aux franges de l'Empire

Décris précisément ce que tu vois
sur ce bas-relief.
À quel indice devine-t-on que
ce personnage vit dans un pays chaud ?

15 Les contrées d'Afrique

Objectifs

- **lecture : lire un discours à la première personne**
- **langue : identifier le parfait, le plus-que-parfait et l'infinitif passifs**
- **civilisation : découvrir les ambitions romaines en Afrique**

Lecture

Des frères ennemis

Micipsa, roi des Massyles (peuple d'Afrique du Nord), meurt en 118 av. J.-C. Son royaume est partagé entre ses fils. L'un d'eux, Adherbal, pourchassé par son frère Jugurtha qui veut avoir le pouvoir pour lui seul, se réfugie à Rome. Dans un discours, il tente d'obtenir le soutien du Sénat romain pour reprendre sa place.

Pater nos duos fratres reliquit, tertium Jugurtham beneficiis suis ratus est conjunctum nobis fore. Alter eorum **necatus est**, alterius ipse ego manus impias vix effugi. Quid agam ? aut quo potissumum infelix accedam ? Generis praesidia omnia **extincta sunt** : [...] capti ab Jugurtha, pars in crucem **acti**, pars bestiis **objecti sunt** ; pauci, quibus **relicta est** anima, clausi in tenebris, cum maerore et luctu morte graviorem vitam exigunt. [...]

Patres conscripti, per vos, per liberos atque parentes vostros, per majestatem populi Romani, subvenite mihi misero, ite obviam injuriae, nolite pati regnum Numidiae, quod vostrum est, per scelus et sanguinem familiae nostrae tabescere.

Salluste (86 av. J.-C.-v. 35 av. J.-C.), *Guerre de Jugurtha*, XIV, 14-15 et 25

Notre père a laissé deux fils[1] ; il a cru que le troisième, Jugurtha[2], nous serait attaché par ses bienfaits. L'un d'eux a été tué ; moi-même j'ai échappé de justesse aux mains impies de l'autre. Que faire ? Infortuné, où puis-je aller de préférence ? Tous les soutiens de ma race ont été éliminés : [...] capturés par Jugurtha, ils ont été pour une part mis en croix, pour une autre jetés aux bêtes ; un petit nombre, auxquels on a laissé la vie, enfermés dans de noires prisons, achèvent une existence plus pénible que la mort dans la tristesse et le chagrin. [...]

Pères conscrits[3], par vous-mêmes, par vos enfants et vos parents, par la majesté du peuple romain, secourez-moi malheureux que je suis, allez combattre l'injustice, ne supportez pas que le royaume de Numidie, qui est vôtre, dépérisse dans le meurtre et le sang de notre famille.

Notes

1. Hiempsal et Adherbal lui-même
2. Jugurtha, neveu de Micipsa, a été adopté
3. les sénateurs

Cyrène en Libye.

Lire le texte

Un souverain en fuite

1 Qu'apprends-tu, dans cet extrait, sur la famille du roi Micipsa ?

2 Quel sentiment anime Adherbal ? Relève en français et en latin les mots qui t'ont permis de répondre.

3 Quelle autre information nous donne à ce sujet le changement de type de phrase des lignes 5 et 6 ?

4 Adherbal pouvait-il rester en Numidie ?

Un prince ambitieux et cruel

5 Qui est responsable de la déchéance actuelle d'Adherbal ?

6 Fais la liste des actions de Jugurtha, dénoncées par Adherbal. Quelle image donnent-elles de Jugurtha ?

7 Analyse les formes en gras. Que remarques-tu ?

8 Jugurtha avait-il des raisons d'agir ainsi ?

9 À ton avis, ce portrait est-il objectif ? Pourquoi ?

Les Romains, juges et partie

10 Pourquoi Adherbal cherche-t-il du secours auprès des Romains ?

11 Comment espère-t-il les convaincre d'intervenir ? Quel champ lexical utilise-t-il dans le 1er paragraphe ?

12 Quelle autre raison donne-t-il aux Romains dans le 2e paragraphe ?

13 À ton avis, quel danger court Adherbal en faisant appel aux Romains ?

Pièce de monnaie représentant Jugurtha.

Étymo logie

LES TROUVAILLES D'ETYMON

À la mort de Micipsa, le royaume massyle a été divisé en trois *parts* : une pour chaque fils. Un synonyme du nom *part*, en français, est « morceau » : c'est donc l'idée de découpage, de morcellement qui domine. Or, la racine **par** est liée à l'idée de « fournir » et non de « découper ». Cela permet de comprendre pourquoi les *parents* appartiennent à la même famille de mots que *part*. Il ne s'agit pas, lorsqu'ils ont un enfant, de se diviser, mais de fournir les éléments nécessaires à la création, de mettre au monde (**pario, is, ere**).

Les formes composées du passif

• Au passif, le parfait, le plus-que-parfait et l'infinitif parfait sont composés du **participe parfait** (→ p. 50) et des formes de **sum**, soit conjuguées au **présent** ou à l'**imparfait**, soit à **l'infinitif**.

Le parfait passif			Le plus-que-parfait passif		
amatus (a, um)	sum	*j'ai été aimé(e)*	**amat**us (a, um)	eram	*j'avais été aimé(e)*
amatus (a, um)	es		**amat**us (a, um)	eras	
amatus (a, um)	est		**amat**us (a, um)	erat	
amati (ae, a)	sumus		**amat**i (ae, a)	eramus	
amati (ae, a)	estis		**amat**i (ae, a)	eratis	
amati (ae, a)	sunt		**amat**i (ae, a)	erant	

L'infinitif parfait passif		
amatum (am, um)	esse	*avoir été aimé(e)*
amatos (as, a)	esse	*avoir été aimés(es)*

La traduction du passif

• On le traduit en français par un passif lorsqu'il est accompagné d'un complément d'agent exprimé par **a(b) + ablatif**.

➧ Capti sunt **ab Jugurtha**. *Ils ont été capturés **par Jugurtha**.*

Remarque : le complément d'agent est à l'**ablatif sans préposition** quand il est inanimé.

➧ **Beneficiis suis** conjunctus est nobis.
*Il nous a été attaché **par ses bienfaits**.*

• Sans complément d'agent, le passif peut alors se traduire par **on** :

➧ Eis relicta est anima. *La vie leur a été laissée.*
***On** leur a laissé la vie.*

L'infinitif présent passif

• Il se forme sur le **radical** du présent suivi des suffixes : **-ri** ou **-i**.

-ri			-i		
1re conj. en **a long**	amari	*être aimé*	3e conj. **à voyelle de liaison**	duci	*être conduit*
2e conj. en **e long**	moneri	*être averti*	3e conj. en **i bref**	capi	*être pris*
4e conj. en **i long**	audiri	*être entendu*			

1 **Complète ce tableau (donne la traduction à l'oral des formes verbales).**

Infinitif présent actif (voir leçon p. 20)	Infinitif présent passif	Parfait passif	Plus-que-parfait passif
audire			
		victus sum	
	dari		
mittere			
			monitus eram

2 **Traduis ces expressions.**

1. vox audita est – **2.** visus es – **3.** frater ductus erat – **4.** auditus eram – **5.** hostes visi sunt – **6.** dicit fratrem necatum esse – **7.** milites moniti erant – **8.** victi estis – **9.** beneficium datum est – **10.** urbs capta est – **11.** fratres relicti sunt – **12.** dico litteras missas esse.

3 **Voici des ensembles de mots qui composent chacun une phrase active (sujet au N., COD à l'Ac., verbe actif) et sa transformation passive correspondante (sujet au N., cpt d'agent, verbe au passif). À toi de les reconstituer et de les traduire !**

1. Jugurtha/necatus est/fratrem ipsum/frater ipse/necavit/ab Jugurtha.
2. ab Jugurtha/amicos meos/capti sunt/Jugurtha/amici mei/cepit.
3. in crucem/a militibus/familia/milites/familiam/acta est/egerunt/in crucem.
4. scelere/rapuit/vita/scelus/vitam/rapta est.

4 **Traduis ce texte qui est au présent, et transpose-le au parfait puis au plus-que-parfait.**

Duo fratres a patre relinquuntur : alter eorum necatur, alter vix impias *(impies)* manus fugit. Ab Jugurtha amici capiuntur : alii in crucem aguntur, alii bestiis dantur, alii, quibus anima relinquitur, per injuriam in tenebris clauduntur.

5 **Traduis ces phrases en proposant deux traductions pour les propositions infinitives au passif, dont l'une avec « on ».**

1. Putat populum Romanum debere moneri.
2. Jugurtha ipse jubet fratrem necari.
3. Scit amicorum partem capi.
4. Dicit paucis viris animam relinqui.
5. Credit viros in tenebris claudi.

Vocabulaire à retenir

Noms

beneficium, ii, n. : *le bienfait*
crux, crucis, f. : *la croix*
injuria, ae, f. : *l'injustice*
pars, partis, f. : *la partie*
scelus, eris, n. : *le crime*
tenebrae, arum, f. pl. : *les ténèbres*

Mots invariables

per (+ Ac.) : *à travers, par*
vix : *à peine*

Pronoms et adjectifs

alter, a, um (G. **alterius**, D. **alteri**) : *autre (de deux)*
ipse, a, um (G. **ipsius**, D. **ipsi**) : *[moi, toi, lui...]-même, en personne*
pauci, ae, a : *peu nombreux*

Verbes

claudo, is, ere, clausi, clausum : *enfermer, fermer*
neco, as, are, avi, atum : *tuer*
relinquo, is, ere, reliqui, relictum : *laisser*

Civilisation

Découvrir

Une marionnette au service des Romains

En cette fin de IIIe siècle avant notre ère, la guerre fait rage entre Rome et Carthage. Débarqué en Afrique depuis le printemps 204, Publius Scipion veut conserver l'amitié du Numide Massinissa, dont l'aide lui est nécessaire pour vaincre définitivement la cité d'Elissa. Aussi décide-t-il de l'honorer publiquement.

« Soldats, vous avez tous pu admirer le courage dont Massinissa a fait preuve tout au long de cette campagne. Sans son aide, nous n'aurions pu infliger de sanglantes défaites à Syphax et à Hasdrubal. Le premier est déjà notre prisonnier et le second ne tardera pas à croupir dans nos prisons. Pour récompenser le dévouement de notre allié, j'ai décidé, au nom du sénat romain, de lui marquer notre amitié par un geste exceptionnel. Il n'y a pas pour notre peuple de plus belle récompense que les triomphes, et les triomphateurs n'ont jamais reçu de plus belles distinctions que celle dont les Pères conscrits ont jugé digne notre ami. Nous lui conférons le titre de roi des Numides et nous lui remettons les insignes de sa fonction : une couronne, une coupe en or, une chaise curule et un bâton en ivoire, une toge brodée et une tunique ornée de palmes. Longue vie à Massinissa, souverain des Massyles et des Masaesyles, allié et protégé du peuple romain. »
Une formidable ovation salua ces paroles. Massinissa, ému jusqu'aux larmes, put à peine balbutier quelques mots de remerciements et confia plus tard à Publius Cornélius Scipion que ce dernier pouvait compter sur son amitié indéfectible.

Patrick Girard, *Hannibal sous les remparts de Rome*,
© Éditions 1, 1999

Questions

1 Quel a été, selon Scipion, le rôle de Massinissa ?

2 Pourquoi, à ton avis, Scipion a-t-il organisé une telle « remise de prix » ?

3 Quelle est la réaction du Numide lors de la cérémonie ?

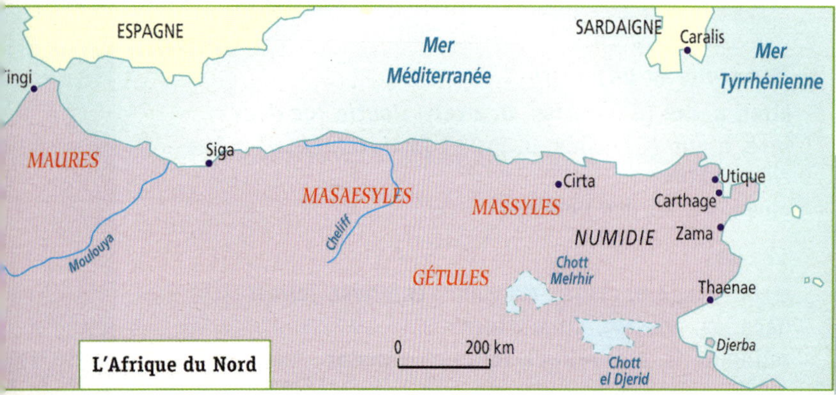

L'Afrique du Nord

Lire une carte

1 Repère les noms de peuples. Quel était le roi de chacun ?

2 En quoi la situation géographique des Massyles pouvait-elle être périlleuse ?

Un royaume convoité

Avant l'arrivée des Romains, l'Afrique du Nord était composée de plusieurs territoires autonomes. L'intrusion des « fils de Romulus » sur ce continent change la donne.

Massinissa, à la conquête de la Numidie

● Au IIIe siècle av. J.-C., à l'ouest de l'empire carthaginois (→ chapitre 13) se dresse la Numidie, vaste territoire qu'habitent de nombreux peuples. Parmi eux, les Massyles, gouvernés par le roi Gaïa. Et, plus à l'ouest, les puissants Masaesyles, dirigés par Syphax.

● Gaïa meurt lors de la deuxième guerre punique (→ chapitre 14). Son fils, Massinissa, combattait alors en Espagne pour le compte des Carthaginois. De peur que le trône ne lui échappe, il décide de se trouver un allié puissant et opte pour les Romains. Scipion devient leur représentant en Afrique. Les deux hommes trouvent un terrain d'entente : Massinissa s'allie aux Romains contre Carthage ; en contrepartie, les Romains font de Massinissa le roi de Numidie.

Un allié pour les ambitions romaines

● Grâce à ce nouvel appui, Scipion et ses troupes viennent à bout de Carthage en 202 av. J.-C. Massinissa est alors souverain d'un immense territoire : celui des Masaesyles, des Massyles et une grande partie de celui des Carthaginois. Mais bien sûr, il doit obéir aux Romains et ne peut rien décider sans eux. Au IIe siècle av. J.-C., l'Afrique du Nord est certes dirigée par un Africain, mais ce sont les Romains qui tirent les ficelles.

Jugurtha, le temps du changement

● Massinissa disparu, son fils, Micipsa, poursuit son œuvre et collabore avec les Romains. Mais sa mort en 118 va tout changer. Micipsa avait un neveu, Jugurtha, qui avait fait ses preuves dans l'armée romaine. Scipion Émilien, qui l'appréciait beaucoup, avait exigé de Micipsa qu'il l'adopte. Le ver était dans le fruit !

● Jugurtha ne perd pas de temps. On le soupçonne tout d'abord d'avoir commandité l'assassinat de Hiempsal (→ texte p. 136). Il entre ensuite en guerre contre son autre frère, Adherbal. Ce dernier est obligé d'aller quémander l'aide des Romains. Mais Jugurtha parvient à acheter l'appui de certains sénateurs. Les Romains laissent Adherbal sans soutien.

Rome, mainmise sur l'Afrique

● En 113 av. J.-C., Jugurtha prend la capitale de Numidie, Cirta, et assassine Adherbal. Il faut réagir. Mais à Rome, on hésite : certains ont peur de s'engager dans un conflit qui peut durer ; d'autres veulent réprimer cette révolte et récupérer l'Afrique. Caius Marius est élu consul en 107 et tranche. Ce sera la guerre.

● En 105, trahi par Bocchus, roi de Maurétanie, Jugurtha est capturé. En janvier 104, il est exécuté dans la prison de Tullianum. La Numidie est partagée entre plusieurs royaumes. L'Afrique du Nord sera bientôt romaine.

En haut : Syphax recevant Scipion.
Tableau du XVIe siècle. Villa Médicis, Rome.

Route romaine en Libye (Ier s. ap. J.-C.).

16 Au-delà du Rhin

Objectifs

- lecture : lire un texte documentaire
- langue : reconnaître les propositions subordonnées de but
- civilisation : découvrir le peuple germain

Lecture

Un sacré coup de peigne !

À la fin du IIe siècle av. J.-C., les Romains doivent lutter contre un nouvel et redoutable adversaire venu du Nord : les peuples germains. Or, certaines de leurs coutumes sont assez déroutantes pour les Romains, comme nous le montre ce portrait des Suèves.

Insigne gentis obliquare crinem nodoque substringere : sic Suebi a ceteris Germanis, sic Sueborum ingenui a servis separantur ; in aliis gentibus seu cognatione aliqua Sueborum seu, quod saepe accidit, imitatione, rarum et intra juventae spatium ; apud Suebos usque ad canitiem horrentem capillum retorquent, ac saepe in ipso vertice religant ; principes et ornatiorem habent. Ea cura formae, sed innoxiae ; neque enim ut ament amenturve, in altitudinem quandam et terrorem adituri bella compti ut hostium oculis ornantur.

Tacite (v. 55-v. 120), *La Germanie*, XXXVIII, 2-4

chez d'autres nations, cette pratique, introduite par des liens de parenté avec les Suèves ou, ce qui arrive souvent, par imitation, est peu fréquente et limitée au temps de la jeunesse ; chez les Suèves, les hommes hérissent et rebroussent leurs cheveux jusqu'à un âge avancé et, souvent, ils les attachent tout en haut du crâne ; les chefs ont une coiffure identique mais plus recherchée. C'est une coquetterie, mais qui est sans reproche ; car ce n'est pas pour aimer ni pour être aimés, c'est pour avoir une certaine prestance et jeter l'effroi, c'est pour aller aux combats qu'ils se coiffent et s'apprêtent comme pour les beaux yeux de leurs ennemis.

Ceinture et casque datant de l'âge du bronze.
Antiquités nationales, Saint-Germain-en-Laye.

Aide à la traduction

insigne, is, n. : *la caractéristique*
obliquo, as, are : *rejeter sur le côté*
crinis, is, m. : *la chevelure*
substringo, is, ere : *attacher en relevant*
nodus, i, m. : *le nœud*
sic : *ainsi*
Suebi, orum, m. pl. : *les Suèves*
Germani, orum, m. pl. : *les Germains*
ingenuus, i, m. : *l'homme libre*
separo, as, are suivi de **a** + Ab. : *distinguer de*

Lire le texte

Un signe de reconnaissance

1 Lis la traduction et indique en quoi consiste la coiffure des Suèves. Relève les expressions latines qui la décrivent.

2 **a)** Lis la phrase en gras et l'« Aide à la traduction » qui s'y rapportent : de quoi est-il question ? **b)** Traduis cette phrase en tenant compte des deux précisions suivantes :

– **Insigne** est le sujet du verbe **esse** qui est ici sous-entendu,

– le verbe **separantur** est sous-entendu dans la 1re proposition commençant par **sic.**

Une coiffure symbolique

3 D'après l'ensemble du texte, qui peut porter cette coiffure ? Les femmes sont-elles concernées ? Relève les expressions latines sur lesquelles tu t'appuies.

4 À quel vêtement romain ayant la même valeur symbolique correspond-elle ?

5 Quelle est l'utilité d'une telle coutume ? Quelle information cela nous donne-t-il sur l'occupation principale des Suèves ? Relève les expressions latines qui t'ont permis de répondre.

Un certain point de vue

6 À quel genre de texte as-tu affaire : un texte documentaire ou un récit historique ?

7 Relève le champ lexical de « la coquetterie » en français et en latin : comment l'auteur juge-t-il les gens qui se soucient trop de leur apparence ?

8 Quelle hypothèse concernant les buts de cette pratique l'auteur met-il à l'écart ? Quel mot introduit cette proposition ? Quel est le mode des deux verbes qui en dépendent ?

Germains prisonniers.
Détail d'un sarcophage (fin IIe s. ap. J.-C.)
Musée national, Rome.

Étymo logie

LES TROUVAILLES D'ETYMON

Les Germains qu'on appelle les **Francs**, *les hommes libres*, nous ont laissé de nombreux mots que nous utilisons toujours. Toutefois, certains ont vu leur sens et même leur fonction grammaticale évoluer. C'est le cas de l'adjectif signifiant *puissant, dur* qu'on retrouve dans l'anglais **hard** et dans quelques noms propres comme **Bern-ard** (*Ours puissant*) ou **Gér-ard** *(Lance puissante)*. En effet, cet adjectif a fini par devenir le suffixe **-ard** dont on se sert pour former des noms à valeur péjorative comme montagn**ard**, à l'origine, ou fêt**ard** : quels mots formés de la même façon connais-tu ?

Les propositions subordonnées de but

• Elles sont au subjonctif, introduites par :

– **ut** : *pour que, afin que, pour…*

… ut amentur :
… pour qu'ils soient aimés, pour être aimés

– **ne** : *pour que ne… pas, de peur que…*

… ne amentur :
… pour qu'ils ne soient pas aimés, pour ne pas être aimés.

• Conformément à la concordance des temps (voir leçon p. 128), après un verbe principal au **passé**, le verbe de la subordonnée est au **subjonctif imparfait.**

Non ornabantur ut amarentur.
Ils ne se paraient pas pour être aimés.

Vocabulaire à retenir

Noms

agricultura, ae, f. : ***l'agriculture***
capillus, i, m. : ***les cheveux, la chevelure***
gloria, ae, f. : ***la gloire***
pax, pacis, f. : ***la paix***
princeps, cipis, m. : ***le chef***
studium, ii, n. : ***le goût***

Adjectifs

latus, a, um : ***large***
ceteri, ae, a : ***tous les autres***

Verbes

expello, is, ere, puli, pulsum : ***chasser***
orno, as, are, avi, atum : ***orner***
studeo, es, ere, dui, – : ***s'appliquer à*** (+ D.)
vito, as, are, avi, atum : ***éviter***

1 Complète ces phrases avec UT ou NE et traduis-les.

1. Omnia facio ...... miser sim.
2. Bene agitis ...... gloriam accipiatis.
3. Milites pugnant ...... vincantur.
4. Philosophos audimus ...... sapientes simus.

2 Propose une traduction en latin de ces phrases.

1. Ils ont préparé les armes pour faire la guerre. **(bellum gerere)**
2. J'envoie des lettres pour demander de l'argent.
3. Les soldats se battaient pour vaincre les ennemis.

3 Relie chaque proposition principale à la subordonnée de but qui convient et traduis la phrase obtenue.

Milites clamaverunt	•	•	ut pacem peterent.
Milites in castra se receperunt	•	•	ut ab hostibus audirentur.
Legatos misit	•	•	ut Germanos vincant.
Milites pugnant	•	•	ne ab hostibus caperentur.

4 Choisis la bonne forme verbale et traduis la phrase.

1. Laborat ne miser **sit** / **esset.**
2. Romam veniebant ut consulem **videant** / **viderent.**
3. Pecuniam civibus das ut omnes te **ament** / **amarent.**
4. Servum misit ut mihi litteras **det** / **daret.**
5. Principes capillum ornant ut ab hostibus **timeantur** / **timerentur.**

5 Lis ce texte.

Dans son livre, Commentaires sur la guerre des Gaules, *César offre des informations sur le mode de vie des Suèves.*

Ils ne se livrent pas à l'agriculture, **ne adsidua consuetudine capti studium belli gerendi agricultura commutent ; ne latos fines parare studeant, potentioresque humiliores possessionibus expellant ; ne accuratius ad frigora atque aestus vitandos aedificent.**

César, *Guerre des Gaules*, VI, 22

Ils ne se livrent pas à l'agriculture pour que, pris par l'habitude d'une demeure fixe, ils n'échangent pas pour l'agriculture leur goût de faire la guerre ; pour qu'ils ne s'appliquent pas à se procurer de larges territoires et que les plus puissants ne chassent pas de leurs possessions les plus faibles ; pour qu'ils ne construisent pas avec trop de soin de quoi éviter le froid et la chaleur.

Choisis parmi les trois buts possibles celui qui correspond à ce que dit César au sujet des Germains.

1. Germani agriculturae non student.
   a. ne laborent. **b.** ut belli studium habeant. **c.** ut cum feris vivant.
2. Non student latos fines parare.
   a. ut domi semper sint. **b.** ne potentiores humiliores expellant. **c.** ut philosophi sint.
3. Non domos aedificant.
   a. ut caelum videant. **b.** ne ceteri domum veniant. **c.** ut frigora aestusque vitent.

Civilisation

Découvrir

De grands enfants

Voici ce qu'on racontait sur les Germains qui franchirent les Alpes en 101 av. J.-C. pour fondre sur l'Italie.

Ces barbares affectaient un mépris si arrogant de leurs ennemis que, pour faire parade de leur force et de leur audace, sans aucune nécessité, ils s'exposaient tout nus à la neige, gravissaient les montagnes, à travers des monceaux de glace et des névés, puis, arrivés en haut, s'installaient sur leurs larges boucliers et, se laissant aller, dévalaient de hauteurs escarpées sur des pentes lisses et glissantes bordées de précipices béants. Lorsqu'ils eurent établi leur camp près du fleuve et examiné les moyens de le franchir, ils se mirent en devoir de le combler : ils éventraient les collines d'alentour, à la façon des Géants, et jetaient dans le fleuve pêle-mêle des arbres arrachés avec leurs racines, des fragments de rochers et des monceaux de terre, qui le faisaient sortir de son lit.

Plutarque, *Vie de Marius*
trad. R. Flacelière et E. Chambry

Questions

1. Quels sont les traits de caractère des Germains ? Quels sont ceux que le narrateur semble désapprouver ?
2. À quoi les Germains sont-ils comparés ? Relève les mots ou expressions qui renforcent l'impression suggérée par cette comparaison.

Barbare combattant un Romain.
Bas-relief (IIe s. ap. J.-C.)
Musée du Louvre, Paris

Lire l'image

1. Compare le légionnaire et le Barbare qui lui fait face :
a. Sont-ils armés de manière identique ?
b. Lequel semble le plus agressif ? Le plus calme ?
2. Pourquoi le Barbare est-il situé sous le Romain ?
3. Décris l'arrière-plan de ce bas-relief : que symbolise-t-il ?
4. Quel message ce bas-relief veut-il faire passer ?

« Les nouveaux barbares »

Originaires du sud de la Scandinavie et de la péninsule danoise, les Germains occupent à l'époque romaine un territoire compris entre le Rhin à l'ouest et le Danube au sud.

Une arrivée fracassante

Les Romains ignorent leur existence jusqu'au IIe siècle av. J.-C. Ils considèrent l'Europe du Nord comme le territoire des Celtes et ne s'embarrassent pas de distinction : tous ces peuples sont pour eux de dangereux barbares capables de venir encore saccager Rome comme au IVe siècle av. J.-C. !

Or, vers 120 av. J.-C., deux peuples germains, les Cimbres et les Teutons, parcourent l'Europe en tous sens et se rapprochent de l'Italie. Inquiets, les Romains les attaquent à plusieurs reprises entre 113 et 105 av. J.-C., mais, à chaque fois, l'armée romaine est mise en déroute.

L'inquiétude grandit jusqu'à ce que les légions romaines écrasent définitivement les Teutons en 102 et les Cimbres en 101 av. J.-C.

Désormais les Germains ne cesseront plus de faire parler d'eux.

Les Germains au quotidien

Les Germains forment un ensemble de peuples indépendants (Frisons, Angles, Saxons...) qui parlent tous à peu près la même langue et partagent des valeurs et des traditions communes. Certains de ces peuples se regroupent sous un même nom et forment de puissantes alliances. C'est le cas des Suèves, des Francs ou des Alamans (littéralement : « *tous les hommes* »).

Les Germains vivent de l'élevage et de l'agriculture au sein de tribus qui regroupent plusieurs familles. À la tête de chaque tribu on trouve un chef et une noblesse qui détient la plus grande partie des terres.

Le métier des armes n'est pas le privilège d'un petit nombre : tous les hommes libres de la tribu sont aussi des guerriers. C'est pourquoi les jeunes garçons reçoivent vers 15 ans une arme qui symbolise le passage à la vie adulte et leur permet de participer aux assemblées.

Les forces de la Nature

Les croyances des Germains sont dominées par la nature souvent rude et hostile qui les entoure. Ainsi, dans leur mythologie, c'est un arbre gigantesque qui tient l'univers en place : le frêne Yggdrasil. Cet arbre immense, dont les racines enserrent le Royaume des morts et les plus hautes branches touchent le ciel, abrite à la fois le monde des hommes et celui des nombreux dieux nordiques comme Wodan qui préside au commerce et aux combats, ou Tiwaz qui dirige le ciel. Dans son feuillage vivent également des animaux fabuleux comme le cerf Eikthynir dont la ramure est la source de tous les fleuves de la terre.

À gauche : « les Germains vivent de l'élevage et de l'agriculture ». Impression d'après aquarelle. Musée de l'éducation, Dortmund.

Ci-contre : Freyja. Statuette en bronze. Déesse de l'amour et de la fécondité. Musée national, Copenhague.

En haut : Odin, dieu des Ases. Statuette en bronze. Stockholm.

Bilan de la séquence 8

Étymologie

1 Souviens-toi : les proches d'Adherbal ont tous été tués par son frère. Or, en latin, le verbe **necare**, *tuer*, est apparenté au verbe **nocere**, *nuire* et au grec νεκρός (**nekros**), *le cadavre*. Grâce à ces indications, devine ce qui se cache derrière les définitions suivantes.

a. ville des morts
b. on dit que le bruit en est une dans les zones urbaines
c. mourir dans l'eau
d. se dit des produits dangereux pour la santé
e. rubrique où apparaît le nom des personnes décédées

2 En s'installant en Gaule, les Francs ont amené avec eux leur langue. Avant de disparaître, celle-ci a légué au français de nombreux mots. À toi d'en retrouver certains pour compléter les phrases suivantes.

a. La nuit tous les chats sont …
b. Ce bouton de moustique me … horriblement.
c. Fais tes devoirs au lieu de … la télé.
d. Gérard ne retrouve plus la pièce qu'il avait mise dans sa ….
e. Quand il se promène en montagne, Raphaël préfère … que courir.
f. J'adore faire des barbecues dans mon … quand il fait beau.

Langue

Voici trois phrases au passif.
Retrouve leur transposition active !

1. Duo fratres a patre relicti sunt.
a. Duo fratres patrem reliquerunt.
b. Duo fratres et patrem reliquerunt.
c. Duo fratres pater reliquit.

2. Alter eorum ab Jugurtha necatus est.
a. Alterum eorum Jugurtha necat.
b. Alterum eorum Jugurtha necavit.
c. Alter eorum Jugurtham necavit.

3. Amici in crucem a militibus acti sunt.
a. Amicos milites in crucem egerunt.
b. Amici milites in crucem egerunt.
c. Amici a militibus in crucem acti sunt.

Casque germain en bronze.
Musée national, Copenhague.

Bilan de la séquence 8

Civilisation

1 Découvre le nom d'une ville qui a donné bien du mal à Rome !

1. capitale de Numidie
2. frère de Jugurtha
3. Bocchus en est le roi
4. s'est débarrassé de ses deux frères
5. roi africain qui trahit Jugurtha
6. aide les Romains contre Carthage et devient roi de Numidie
7. père de Massinissa
8. autre frère de Jugurtha

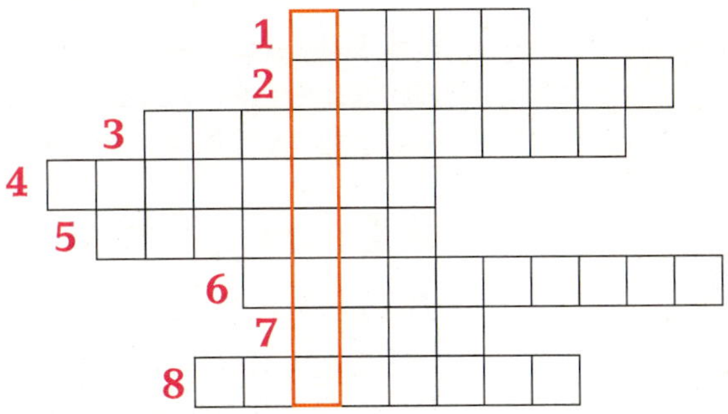

2 Détaille précisément ce que tu vois sur cette photographie : quel peuple aurait pu y vivre ? les Germains ? les Numides ? Justifie ta réponse.

Dossier

L'archéologie : vestiges du passé

De tout temps les hommes ont été confrontés aux traces de leurs prédécesseurs. Ces témoignages ne laissent jamais indifférents ceux qui les découvrent !

1 Le regard des Anciens

Texte 1 • De dangereux livres

Cette année-là, dans le champ du scribe Lucius Pétilius au pied du Janicule, on trouva, en bêchant profondément, deux sarcophages en pierre [...]. Des inscriptions en grec et en latin gravées sur la pierre disaient que l'un contenait les restes de Numa Pompilius, fils de Pompo et roi de Rome, l'autre les livres de Numa Pompilius. Le propriétaire du terrain ouvrit les sarcophages sur le conseil de ses amis : celui qui d'après l'inscription contenait les restes du roi était vide [...]. Dans l'autre on trouva deux paquets attachés par des cordelettes enduites de cire ; chaque paquet contenait sept livres [...]. Les amis qui étaient là au moment de la découverte furent les premiers à lire ces livres. Puis plusieurs personnes en prirent connaissance et on se mit à en parler ; le préteur Quintus Pétilius demanda par curiosité à Lucius Pétilius de les lui prêter pour qu'il les lise. Après un rapide coup d'œil, il s'aperçut que la doctrine était dans l'ensemble contraire à la religion établie et dit à Pétilius que son intention était de brûler ces livres.

Tite-Live (v. 64 ou 59 - v. 10 av. J.-C.), *Histoire romaine*, XL, 29
trad. A. Flobert, © Flammarion

Texte 2 • Histoire d'os

Le guide de Pausanias[1] est d'abord un recueil de récits mythiques ou d'histoires merveilleuses, telle cette invention[2] d'ossements gigantesques dans une petite ville d'Asie : au cours d'un orage, une crevasse s'est ouverte dans une colline, mettant à jour des restes humains mais d'une taille extraordinaire. On les a identifiés comme ceux du mythique Géryon, l'adversaire d'Héraklès, et, du coup, on a réinterprété le paysage en fonction du mythe : une saillie dans la roche est devenue le siège de Géryon et on a rebaptisé le torrent local du nom du fleuve Océan, qui marquait les limites du monde ; pour faire bonne mesure, on prétendait enfin avoir exhumé – reliques supplémentaires – des cornes provenant des troupeaux de Géryon.

J.M. André & M.F. Baslez, *Voyager dans l'Antiquité*, © Fayard

Notes

1. géographe grec
2. découverte

Dossier

Texte 3 • La découverte du tombeau d'Archimède

Du reste, à l'époque où j'étais questeur, c'est moi qui ai découvert son tombeau, dont les Syracusains ignoraient et même niaient l'existence [...] Il faut dire que je connaissais certains petits sénaires[1], lesquels, d'après une tradition, auraient été gravés sur le monument : il y était dit clairement que, au sommet du tombeau, on avait placé une sphère avec un cylindre. Un jour donc que je fouillais du regard tout le terrain situé aux abords de la porte d'Agrigente, car il y a là une multitude de tombeaux, voilà que mes yeux tombent sur une petite colonne qui émergeait à peine des buissons : elle était surmontée d'une sphère et d'un cylindre. Tout de suite je dis aux Syracusains - et c'étaient les notables qui m'accompagnaient - que ce devait être justement ce que je cherchais. On envoie là nombre de gens armés de faux pour nettoyer et dégager l'emplacement ; puis, quand on eut frayé un passage, nous nous dirigeâmes vers la face antérieure du piédestal. L'inscription y était reconnaissable, bien que le temps eût rongé l'extrémité des vers dont il ne subsistait guère que la moitié.

Cicéron (v. 106 - v. 43 av. J.-C.), *Tusculanes*, V, XXIII, 64-66
trad. Jules Humbert, © Les Belles Lettres

Note

1. vers latin

Carl Rottman (1797-1850). *La Tombe d'Archimède*.

Questions

1 Dans quel texte la découverte n'est-elle pas le fruit du hasard ? Comment procède l'auteur de cette découverte ? Quelles peuvent être ses motivations ?

2 En quoi la découverte dont parle le texte 1 peut-elle intéresser les Romains ?

3 Dans ce même texte, la réaction du préteur te semble-t-elle justifiée ? Pourquoi ?

4 À quels animaux pourraient appartenir les os gigantesques évoqués au texte 2 ?

5 Rappelle qui est Géryon et dans quelles circonstances Héraklès l'a rencontré : où habitait-il ? Qu' a fait Héraklès de ses troupeaux ?

❷ À la découverte de Pompéi

Texte1 • Le jour du drame

En 79 de notre ère, une éruption du Vésuve ensevelit la ville de Pompéi sous une pluie de pierres et de cendres.

Le nuage qui avait répandu une si profonde obscurité sur le jour s'était condensé en une masse solide et impénétrable […]

Les cendres en beaucoup d'endroits s'élevaient à la hauteur des genoux, et la bouillante pluie qui sortait de la bouche enflammée du volcan entrait violemment dans les maisons, apportant avec elle une forte et suffocante vapeur. En certaines places, d'immenses fragments de rochers étaient précipités sur les toits des maisons et couvraient les rues de masses confuses de ruines qui obstruaient de plus en plus les chemins.

Edward Bulwer-Lytton, *Les Derniers jours de Pompéi*. D.R.

Texte2 • Quelques siècles plus tard

J'avais toujours imaginé que l'on descendait dans Pompéi avec des torches, par des escaliers humides et sombres, comme dans les mines d'argent, et que l'on traversait des tunnels ténébreux, avec de la lave au-dessus, et de chaque côté quelque chose comme des prisons délabrées creusées dans le roc et ressemblant vaguement à des habitations. Mais il n'en est rien. La moitié au moins, semble-t-il, de la cité ensevelie est complètement dégagée et mise au jour ; et l'on y voit les alignements des maisons (sans toit) solidement construites en brique, telles qu'elles existaient il y a 1800 ans, chauffées par le soleil brûlant […]

J'aimerais connaître le nom du dernier administrateur de la voirie de Pompéi pour pouvoir lui dire deux mots. Ce sujet me tient à cœur parce que je me suis pris le pied dans une de ces ornières ; et la tristesse que j'ai éprouvée quand j'ai vu le premier malheureux squelette auquel collaient des cendres et de la lave a été tempérée par l'idée que l'individu était peut-être l'administrateur.

Marc Twain, *Le voyage des innocents, un pique-nique dans l'ancien monde*

Site de Pompéi.

Texte 3 • Une éruption peut en cacher une autre

On n'en aura donc jamais fini avec Pompéi. *Libération* (du 19 février) nous apprend que non seulement (***non solum***) quand on fouille, on trouve toujours autre chose [...], mais qu'en plus (*sed etiam*) une éruption latine fameuse (celle de 79 après J.-C.) peut en cacher une autre, nettement plus préhistorique. Sacré Vésuve, vers 1860 avant J.-C., il avait déjà enseveli une partie de la Campanie et, en l'espèce, un village dit de Nola dont la fouille est en voie d'achèvement. Comme à Pompéi, l'éruption fut suivie d'un effet de pétrification qui a conservé ce qui aurait dû disparaître. La vue un peu aérienne du site permet de s'y plonger comme dans un bassin de rêves. Voilà donc deux huttes, en bois nous dit-on, et en forme de fer à cheval. On peste de ne pas être accroupi parmi les archéologues qui s'affairent là-dedans avec leurs petites brosses.

Gérard Lefort,
Reliefs d'antique,
Libération du samedi 23
et dimanche 24 février 2002

Le Vésuve.

Questions

1. Décris les différentes étapes de l'éruption telles qu'elles apparaissent dans le texte 1.
2. D'après le texte 2, que reste-t-il de Pompéi ?
3. Comment le texte 3 explique-t-il la conservation des vestiges ?
4. Qu'est-ce qui pousse le narrateur du texte 2 à visiter Pompéi ? À quoi s'intéresse-t-il ?
5. D'après le texte 3, que provoque l'évocation de ce genre de découvertes ?

Exposés

1. Renseigne-toi davantage sur le site de Pompéi et l'histoire de sa découverte.
2. Fais des recherches sur deux femmes qui ont compté dans l'histoire de Carthage et du peuple numide : Salammbô et Sophonisbé.
3. Fais des recherches sur les invasions des peuples germains qui ont eu raison de l'Empire romain à la fin de l'Antiquité.

Port de Pouzzoles.
Fresque romaine (Ier s. ap. J.-C.).
Musée national archéologique, Naples.

Séquence 9
Le voyage dans le monde antique

Décris précisément ce que tu vois sur cette fresque. Quelles sont les couleurs dominantes ? Cette peinture donne-t-elle une impression de chaleur ou de froid ?

17 Tous voyageurs

Objectifs
- **lecture : lire un récit à la première personne**
- **langue : exprimer la conséquence**
- **civilisation : découvrir les conditions de voyage des Romains**

Lecture

Comment faire fortune

Lors d'un banquet, Trimalcion, un affranchi qui croule sous les richesses, raconte à ses invités comment il a accru sa fortune.

Concupivi negotiari. Ne multis vos morer, quinque naves aedificavi, oneravi vinum (et tunc erat contra aurum) misi Romam. Putares me hoc jussisse : omnes naves naufragarunt. Factum, non fabula. Uno die Neptunus trecenties sestertium devoravit. Putatis me defecisse ? Non mehercules mi haec jactura gusti fuit, tanquam nihil facti. Alteras feci majores et meliores et feliciores, **ut nemo non me virum fortem diceret.** Scis, magna navis magnam fortitudinem habet. Oneravi rursus vinum, lardum, fabam, seplasium, mancipia. [...] Cito fit quod di volunt. Uno cursu centies sestertium corrotundavi.

L'envie me prit de faire du négoce. Pour abréger, vous saurez que je fis construire cinq vaisseaux. Je les charge de vin (c'était de l'or à cette époque), j'expédie à Rome. On aurait dit un fait exprès : tous mes vaisseaux firent naufrage. C'est arrivé, ce n'est pas un conte. En un jour Neptune m'a dévoré trente millions de sesterces. Vous croyez que je perdis courage ? Par Hercule, cette perte ne m'affecta pas plus que si de rien n'était. Je fis faire d'autres vaisseaux, plus grands et meilleurs, plus heureux aussi, ***si bien que tout le monde m'appelait l'intrépide.*** *Vous savez, un grand navire, ça a une grande résistance. J'y chargeai de nouveau du vin, du lard, des fèves, des parfums, des esclaves. [...] Les choses vont vite quand les dieux le veulent. En un voyage, je m'arrondis dix bons millions.*

Pétrone (mort en 66 ap. J.-C.), *Le Satiricon*, LXXVI, 3-6 & 8
traduction A. Ernout
© Les Belles Lettres

Navires au port.
Mosaïque.

Lire le texte

1. Quel moyen Trimalcion utilise-t-il pour transporter ses marchandises ? Quel mot le désigne en latin ? Cherche dans le texte un verbe de la même famille.

2. Que fait le narrateur pour éviter les accidents ? Cela fonctionne-t-il ?

3. Fais la liste (en français et en latin) des marchandises achetées par le narrateur. Te paraissent-elles avoir une grande valeur ?

4. Observe la proposition en gras et regarde sa traduction.
a) Quel lien logique la relie à la proposition principale ?
b) Quel mot l'introduit ? Comment est-il traduit ?
c) À quels temps et mode est le verbe de la subordonnée ?

Amphore en terre cuite.
Musée archéologique, Madrid.

Étymo logie

LES TROUVAILLES D'ETYMON

Trimalcion, pour agrandir sa fortune, se fait commerçant : il achète des marchandises à un endroit et les expédie, les envoie à un autre. En latin, *envoyer* se dit **mitto, is, ere, misi, missum**. Peu à peu, au cours des siècles, ce sens s'est modifié pour se rapprocher de *poser*, *placer* et donc *mettre*. Voilà pourquoi, lors d'un repas, nous pouvons déguster des *mets* succulents, c'est-à-dire les plats qui ont été « envoyés à table » ou plutôt « posés sur la table ».
Mais certains mots français ont encore un sens proche de celui de leur ancêtre latin. Par exemple, pour donner des nouvelles à un(e) ami(e), tu peux lui téléphoner ou lui envoyer une *missive* (une lettre). Et lors des guerres actuelles, on peut envoyer la mort loin de chez soi en faisant usage de *missiles*.

LES DEVINETTES D'ETYMON

1. En variant les préfixes, trouve des verbes de la famille de *mettre*, puis vérifie leur sens dans le dictionnaire. Enfin, cherche en latin s'il existe des verbes correspondants.

2. Complète les phrases suivantes avec des mots issus du verbe latin **mitto** :
a) *Dans cette affaire, c'est lui qui subit toutes les conséquences : c'est un vrai bouc* …………
b) *Monsieur, je quitte votre entreprise : voici ma* …………
c) *Les catholiques pratiquants vont à la* ………… *le dimanche matin.*

L'expression de la conséquence

1. La proposition subordonnée de conséquence

• Elle est introduite par **ut** (négation **ut non**) + **subjonctif** : *de telle sorte que (ne… pas), de telle manière que, si bien que.*

Alteras feci **ut** nemo non me virum fortem diceret.
*Je fis faire d'autres vaisseaux **de telle sorte que** tous m'appelaient un homme courageux.*

• Elle est souvent annoncée par un **adverbe** ou un **adjectif** dans la principale.

– **ita**	**ut**	*de telle sorte que*
– **sic**	**ut**	*de telle sorte que*
– **tantum**	**ut**	*tellement que*
– **tam**	**ut**	*si… que*
– **talis, e**	**ut**	*tel… que*
– **tantus, a, um**	**ut**	*si grand… que*

Tam dives est **ut** divitias numerare non possit.
*Il est **si** riche **qu'**il ne peut compter ses richesses.*

2. La concordance des temps

• Si le verbe de la principale est au **passé** (parfait, imparfait, plus-que-parfait), le verbe de la subordonnée est généralement au **subjonctif imparfait**.

Tam dives **erat** ut divitias numerare non **posset.**
Il était si riche qu'il ne pouvait compter ses richesses.

Vocabulaire à retenir

Noms

gubernator, oris, m. : ***le pilote***
lux, lucis, f. : ***la lumière***
nauta, ae, m. : ***le marin***
navis, is, f. : ***le bateau***
nubes, is, f. : ***le nuage***
velum, i, n. : ***la voile***
vinum, i, n. : ***le vin***

Verbes

aedifico, as, are, avi, atum : ***construire***
cupio, is, ere, ivi (ou ii), itum : ***désirer***
naufrago, as, are, avi, atum : ***faire naufrage***
frango, is, ere, fregi, fractum : ***briser***

Adverbes

itaque : ***c'est pourquoi***
rursus : ***à nouveau***

1 Traduis ces phrases.

1. Sic cupivi negotiari (*faire du commerce*) ut naves aedificarem.
2. Omnes naves ita naufragaverunt ut tristis esse possem.
3. Alteras naves sic feci ut rursus Romam vinum mitterem.
4. Tales naves habeo ut non naufragent.
5. Tam dives sum ut felix esse possim.
6. Tantas divitias habeo ut non eas numerare possim.

2 a) Transforme ces deux indépendantes en une proposition principale suivie d'une subordonnée de conséquence, puis traduis la phrase obtenue.
b) Effectue la même transformation en mettant le verbe principal à l'imparfait.

Fortis est : itaque non timet. ➔ **Tam** fortis est **ut** non timeat ➔ Tam fortis **erat** ut non timeret.

1. Tempestates sunt : itaque naves frangunt.
2. Haec navis magna est : itaque multas res ferre potest.
3. Naves habet : itaque Romam vinum mittit.
4. Romam multas res mittit : itaque dives est.

3 VERSION
Traduis les phrases latines de ce texte.

Alors que les passagers d'un navire se divertissent, surgit soudain une tempête.

« Pendant que nous échangions ces propos, **inhorruit mare, nubesque undique adductae obruere tenebris diem. Discurrunt nautae ad officia trepidantes, velaque tempestati subducunt**. *Mais le vent agitait les flots en tous sens, et le pilote ne savait pas où se diriger […] et ce qui était plus dangereux que les bourrasques,* **tam spissae repente tenebrae lucem suppresserant, ut ne proram quidem totam gubernator videret.**

Pétrone, *Satiricon*, 114

Aide à la traduction

inhorresco, is, ere, inhorrui : *se hérisser*
undique : *de toutes parts*
adduco, is, ere, duxi, ductum : *amener*
obruere = obruerunt : *« obscurcirent »*
discurro, is, ere, curri, cursum : *courir*
trepido, as, are, avi, atum : *se hâter*
subduco, is, ere, duxi, ductum : *replier*
spissus, a, um : *dense*
repente : *soudain*
supprimo, is, ere, pressi, pressum : *supprimer*
prora, ae, f. : *la proue (avant du bateau)*
ne... quidem : *pas même*
totus, a, um : *en entier*

4 Complète la grille de ce dont Trimalcion a fait commerce et tu trouveras, à l'accusatif singulier, le moyen utilisé pour son enrichissement. Aide-toi du texte page 156 !

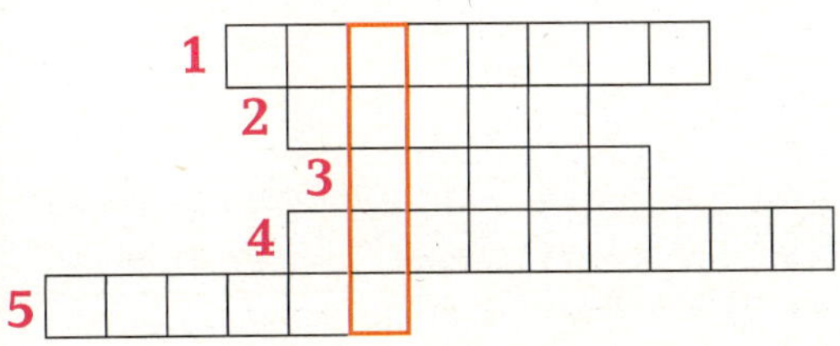

1. les esclaves (Ac. pl. n.)
2. la fève (Ac. sg.)
3. le vin (Ac. sg.)
4. le parfum (Ac. sg.)
5. le lard (Ac. sg.)

Civilisation

Découvrir

Tous les chemins mènent à Rome

Pour aller d'un bout à l'autre de la Méditerranée, on utilise le bateau. Mais une fois à terre, le voyage n'est pas terminé. Heureusement, certains auteurs, comme le grec Strabon, donnent des indications précises, utiles pour choisir son trajet.

La ligne de navigation la plus directe quand on vient de Grèce ou d'Asie est celle qui aboutit à Brentésion[1]. C'est là, en particulier, que descendent tous les voyageurs qui se proposent d'aller à Rome. Deux routes sont à leur disposition : l'une, praticable seulement à des mulets, passe par le territoire des Peucétiens, dits aussi Poedicli, la Daunie et le Samnium jusqu'à Bénéventum [...]. L'autre, connue sous le nom de Via Appia, passe par Tarente en faisant un léger détour sur la gauche, qui allonge l'itinéraire d'environ une journée, mais elle est plus praticable aux chars. [...] Les deux routes parties de Brentésion se rejoignent près de Bénéventum, non loin de la Campanie, et n'en forment dès lors et jusqu'à Rome, sous le nom de Via Appia, plus qu'une [...]. On compte en tout, de Rome à Brentésion, 360 milles[2]. Une troisième route mène de Rhégion en Campanie, par le Brettion, la Lucanie et le Samnium, où elle rejoint la Via Appia. Traversant les Apennins, elle est plus longue de trois ou quatre jours que la route de Brentésion.

Strabon (Ier s. av. J.-C. - Ier s. ap. J.-C.), *Géographie*, VI, 3, 6-7
traduction F. Lasserre, © Les Belles Lettres

Notes

1. = Brindes
2. environ 530 kilomètres

Questions

1. Repère sur la carte des conquêtes romaines (➔ page de garde) les pays cités dans la première phrase.
2. Repère ensuite sur la carte ci-contre les lieux cités dans le texte.
3. Combien de routes peuvent conduire un voyageur de Brentésion à Rome ?
4. Laquelle est la plus courte ? Laquelle est la plus longue ? Laquelle semble la plus pratique ? Pourquoi ?
5. Quelle voie est commune aux différentes routes ?
6. Quel moyen de transport peut-on utiliser sur terre ?
7. Cherche une carte de l'Italie moderne et regarde si les villes et les routes décrites par Strabon existent encore.

L'Italie romaine

Mare nostrum

Rome n'est plus la petite cité de Romulus. À présent, elle étend son empire sur la Méditerranée, la Mare nostrum. Mais les Romains ne possèdent pas nos moyens de transport modernes.
Aller d'un pays à un autre, d'une ville à une autre devient parfois une véritable expédition.

Tous voyageurs

Les Romains aiment voyager : pour le travail (guerre, commerce…) comme pour le plaisir (tourisme, visite des domaines…). Mais quand on part, on n'est pas certain d'arriver vivant, ni à l'endroit désiré. Tant de dangers guettent le voyageur (brigands, éboulements, avalanches sur terre ; pirates, tempêtes, vents contraires sur mer), que l'arrivée à bon port est pour tous un immense soulagement. Et les sacrifices aux dieux sont nombreux afin de multiplier les chances de succès.

Ci-contre : Dionysos repoussant les pirates sur la mer Tyrrhénienne. Mosaïque (IIIe s. ap. J.-C.). Musée du Bardo, Tunis.

Sur terre…

Un réseau de routes sillonne le territoire. Mais toutes ne ressemblent pas aux larges voies romaines pavées. La plupart du temps, ce sont des sentiers irréguliers et pas toujours sûrs. On peut les emprunter à dos de mulets ou en voiture. Seuls les riches Romains possèdent des chevaux, bien plus rapides et plus confortables. On évite ainsi les cahots et le bruit des roues sur les pavés ou les cailloux.

En moyenne, on peut espérer faire entre 30 et 45 kilomètres par jour. Le soir, on fait halte dans un relais. Mais le confort est souvent inexistant, la nourriture mauvaise et la sécurité très limitée. Nombreuses sont les histoires de voyageurs égorgés par les aubergistes pour leur argent ! Aussi, ceux qui connaissent des amis dans la région se font-ils inviter : l'hospitalité était alors très développée en Italie. Quant aux plus fortunés, ils se reposent dans une de leurs nombreuses villas.

… ou sur mer

Si les marchandises avaient leurs navires (parfois gigantesques : il faudra attendre le XIXe siècle pour en retrouver d'aussi grands !), il existait peu de bateaux réservés aux voyageurs. Pour naviguer, il fallait donc demander au capitaine d'un navire de transport de vous accepter moyennant une certaine somme d'argent. Mais si vous acceptiez de travailler sur le bateau, le voyage pouvait être gratuit.

Certains rois ou riches propriétaires se sont fait construire des navires aussi vastes et luxueux que nos paquebots actuels. Au IIIe s. av. J.-C., Hiéron II, roi de Syracuse, s'offre le *Syracousia*. Sur son pont supérieur, on trouvait entre autres : un gymnase, des jardins aux arbres plantés dans des jarres, des vignes (avec système d'arrosage), une salle de bains munie de trois baignoires de cuivre. De quoi faire rêver encore de nos jours !

Ci-dessous : Fabricant de navires.
Stèle funéraire en bas-relief. Musée national, Ravenne.

18 Les tracas du voyageur

Objectifs
- lecture : lire un poème lyrique
- langue : distinguer les valeurs du subjonctif, reconnaître l'ordre et la défense
- civilisation : découvrir les tracas du voyageur

Lecture

Un homme dans la tourmente

Alors qu'il est en route pour Tomes, sur les rives du Pont-Euxin, où on l'a condamné à l'exil, le poète latin Ovide essuie une violente tempête sur le long des côtes italiennes.

Me miserum ! Quantis increscunt aequora ventis,
erutaque ex imis fervet arena vadis !
Monte nec inferior prorae puppive recurvae
insilit et pictos verberat unda deos. […]

Navita confessus gelidum pallore timorem,
jam sequitur victus, non regit arte ratem
utque parum validus non proficientia rector
cervicis rigidae frena remittit equo,
sic, quo non voluit, sed quo rapit impetus undae,
aurigam video vela dedisse rati.

Quod nisi mutatas emiserit Aeolus auras,
in loca jam nobis non adeunda ferar ; […]
Desinat in vetitas, quaeso, contendere terras,
et mecum magno pareat aura deo !

Ovide (43 av. J.-C.-17 ou 18 ap. J.-C.), *Les Tristes*, I, 4

Malheureux que je suis ! Quelles bourrasques gonflent les flots ! Et, du fond des mers, le sable jaillit et bouillonne ! Aussi haute qu'une montagne, la vague bondit sur la proue ou la poupe arrondies et frappe l'image des dieux. […]

et comme le cavalier peu vigoureux lâche les rênes inutiles sur le cou raide de son cheval,

Et si Éole n'envoie pas des vents contraires, je serai emmené bientôt sur des rivages que je ne dois pas aborder ; […] Que le vent, de grâce, cesse de se hâter vers ces rives défendues et qu'il obéisse avec moi au grand dieu !

Ulysse pris dans la tourmente des flots et du vent.
Vase en céramique à figures noires (IVe s. av. J.-C.).
Reims.

Aide à la traduction

navita, ae, m. : *le marin*
confessus, a, um : *qui avoue*
gelidus, a um : *glacé*
pallor, oris, m. : *la pâleur*
timor, oris, m. : *l'effroi*
sequor, eris, i : *suivre*
ars, artis, f. : *savoir-faire*
ratis, is, f. : *le bateau*
sic : *ainsi*
quo : *où*
auriga, ae, m. : *le pilote*

Lire le texte

La nature se déchaîne

1 Quels sont les éléments naturels qui malmènent le bateau ? Relève les mots qui les désignent en latin et en français.

2 Quels sont les verbes latins qui expriment la violence de cette tempête ?

3 Quelle figure de style exprime également la puissance des éléments ? Quelles autres idées sont associées au comparant employé ici ?

Un marin désemparé

4 Quelle idée exprime la comparaison de la 2e strophe ? En t'aidant du vocabulaire de l'« Aide à la traduction », cherche les deux comparés qui correspondent aux deux comparants de cette figure de style.

5 Traduis les vers latins en gras.

6 D'après ce que tu viens de traduire, que ressent le marin ? Contrôle-t-il encore son bateau ? Relève les expressions qui t'ont permis de répondre.

L'angoisse de l'exilé

7 Que peux-tu dire du narrateur de cette poésie ? Y a-t-il un rapport entre ce que raconte ce poème et la vie de son auteur ?

8 Dans la 1re strophe, quels sentiments mêlés le narrateur ressent-il ? À quoi le vois-tu ?

9 Que craint le narrateur dans la dernière strophe ? Quelles sont ces terres défendues ? Aide-toi de l'introduction !

10 Dans les deux derniers vers, quel est le mode des verbes en latin et en français ? Quelle est ici la valeur de ce mode ?

Promenade en bateau.
Mosaïque (IVe s. ap. J.-C).
Villa romaine del casale, Piazza Armenina.

Étymo logie

LES TROUVAILLES D'ETYMON

De nos jours on dit de certaines personnes qu'elles ont une **aura** pour exprimer l'idée qu'il se dégage de leur être quelque chose de spécial. Si c'est bien le mot qu'employaient les Romains pour désigner *le vent*, comment a-t-il changé de sens sans pour autant changer de forme ? Tout simplement parce qu'entre nous et les Romains, ce mot, employé par les savants du Moyen Âge, a côtoyé les anges et la couronne d'or (**corona aurealis** en latin) dont on les entourait sur les enluminures : *l'auréole* ! C'est donc sous l'influence des anges que l'**aura** des Romains est devenue la nôtre.

Les valeurs du subjonctif dans les propositions indépendantes

• Le subjonctif exprime une volonté ou une possibilité. Il se rencontre dans les propositions indépendantes pour formuler :
– un **ordre** :
- **Veniat !** *Qu'il vienne !*

– une **défense** :
- **Ne veniat !** *Qu'il ne vienne pas !*

– un **souhait** (accompagné de **utinam**) :
- **Utinam veniat !** *Pourvu qu'il vienne !*

– une **délibération** (question que l'on se pose à soi-même) :
- **Quid faciam ?** *Que faire ?*

L'ordre et la défense

1. L'ordre

• L'ordre s'exprime en latin par :
– l'**impératif** pour la **2e personne** du **singulier** et du **pluriel** :
- **Veni !** *Viens !* **Venite !** *Venez !*

– le **subjonctif** pour les autres personnes :
- **Veniat !** *Qu'il vienne !*
  Veniant ! *Qu'ils viennent !*
  Veniamus ! *Venons !*

• L'ordre indirect s'exprime par une subordonnée dépendant d'un verbe qui se construit :
– soit avec **ut + subjonctif :**
- Impero **ut veniat.** *J'ordonne qu'il vienne.*

– soit avec une **proposition infinitive :**
- Jubeo **eum venire.** *J'ordonne qu'il vienne.*
  Je lui ordonne de venir.

2. La défense

• Elle s'exprime en latin par :
– **noli / nolite + infinitif :**
2e pers. du sing. :
- **Noli venire !** *Ne viens pas !*

2e pers. du pl. :
- **Nolite venire !** *Ne venez pas !*

Remarque : noli/nolite est un ancien impératif du verbe **nolo :** *je ne veux pas.*

– **ne + subjonctif**, aux autres personnes :
- **Ne veniat !** *Qu'il ne vienne pas !*
- **Ne veniant !** *Qu'ils ne viennent pas !*
- **Ne veniamus !** *Ne venons pas !*

1 Traduis ces expressions, en précisant la valeur du subjonctif (ordre, défense, souhait, délibération).

1. Quid agam ? – 2. Utinam dei me audiant ! – 3. Quo eam ? – 4. Eamus ! – 5. Ne timeamus tempestatem ! – 6. Utinam felix sim ! – 7. Ne miseri sint ! – 8. Fortes simus ! – 9. Utinam bene navem nauta regat !

2 Transforme ces infinitifs, selon le modèle suivant, afin d'exprimer l'ordre et la défense. Traduis les expressions obtenues.

amare	**ama**	**noli amare**	**amate**	**nolite amare**
aimer	***aime***	***n'aime pas***	***aimez***	***n'aimez pas***

1. timere – 2. pugnare – 3. videre – 4. capere – 5. scribere – 6. venire – 7. laborare – 8. ire – 9. respondere – 10. parere

3 Traduis les expressions suivantes.

1. veni – 2. noli videre – 3. audiat – 4. ne veniat – 5. capiamus – 6. laborate – 7. nolite ducere – 8. ne audiamus – 9. ament – 10. da – 11. ne cupiamus – 12. verberate – 13. mutet – 14. ite – 15. vivamus – 16. nolite agere – 17. ne eant – 18. noli mittere.

4 Relie chaque proposition de droite au verbe introducteur qui convient, en prêtant attention à sa construction. Traduis la phrase obtenue.

	• milites impetum facere.
Jubet •	• milites in castra se recipiant.
	• legiones proelium committere.
Imperat ut •	• pacem hostes accipiant.
	• milites ad arma concurrant.

5 Traduis ce texte inspiré d'Ovide.

Aequora *(les vagues)*, monte majora, navem verberant. Ne nautae timeant ! Utinam fortes sint ! Gubernator tamen, jam tempestate victus, timet. Nunc ventis vela dat *(livre)* neque navem regit. Nam undae impetus navem rapit *(entraîne)* quo *(là où)* gubernator non vult. Utinam Aeolus *(Éole)* auras mutet !

Vocabulaire à retenir

Noms

aura, ae, f. : *la brise, le souffle*
impetus, us, m. : *l'assaut*
mons, montis, m. : *la montagne*
unda, ae, f. : *l'onde, l'eau*
ventus, i, m. : *le vent*

Pronoms et mots invariables

jam : *déjà, désormais*
nam : *car*
quis, quae, quid ? : *qui ?, que ?, quoi ?*

Verbes

impero, as, are, avi, atum (ut/ne + subj.) : *ordonner*
muto, as, are, avi, atum : *changer*
rego, is, ere, rexi, rectum : *diriger*
verbero, as, are, avi, atum : *battre, frapper*

Deux verbes irréguliers (voir conjugaison p. 206)

volo, vis (3e pers. **vult**), **velle, volui** : *vouloir*
nolo, non vis, nolle, nolui : *ne pas vouloir*

Civilisation

Découvrir

Des pirates à l'humour noir

Les pirates n'ont jamais cessé de hanter la Méditerranée. Mais, en 67 av. J.-C., ils étaient plusieurs dizaines de milliers et ne reculaient devant rien.

Ils enlevèrent même un jour deux préteurs, Sextilius et Bellienus, vêtus de leur robe bordée de pourpre, et avec eux ils emmenèrent leurs serviteurs et leurs licteurs [...].
Mais voici quel fut le comble de leur insolence ; quand un de leurs prisonniers s'écriait qu'il était romain et disait son nom, ils simulaient la stupeur et la crainte [...]. Puis ils le chaussaient à la romaine et lui mettaient une toge, pour éviter, disaient-ils, qu'il ne fût pas reconnu une autre fois. Après s'être ainsi moqués de lui et l'avoir bafoué longtemps, finalement ils jetaient une échelle qui donnait sur la pleine mer et lui enjoignaient de descendre et de partir, accompagné de leurs bons vœux ; s'il refusait, ils le poussaient dans l'eau et le noyaient.

Plutarque (v. 46/49 - v. 125), *Vie de Pompée*, XXIV, 9-12
trad. R. Flacelière et É. Chambry © Les Belles Lettres

Questions

1. Quelle est l'origine des prisonniers dont on se moque ? Pour quelle raison les pirates agissent-ils ainsi ?
2. Relève les mots qui expriment l'indignation du narrateur. Que semble-t-il trouver scandaleux ?

Lire l'image

1. Quelle manœuvre effectuent les équipages des deux navires ?
2. Quel dieu est placé entre les deux bateaux ? Que trouve-t-on au-dessus du bateau de droite ?
3. Quelle scène légendaire est représentée sur la voile du bateau de gauche ?
4. Que tiennent les statues qui encadrent ce navire ? De quoi ces objets sont-ils le symbole ?

Le port de Trajan. Bas-relief (IIIe s. ap. J.-C.)
Musée Torlonia, Rome.

Un voyage semé d'embûches

Même si les voyageurs y pensent toujours, la piraterie, le mauvais temps et les naufrages ne sont pas les seuls problèmes auxquels on peut être confronté.

Des petits tracas quotidiens

Sur terre ou sur mer, les désagréments sont nombreux. Cela va des trépidations des véhicules sur les pavés aux chemins boueux où l'on s'enlise, en passant par le manque d'eau potable, le risque de maladies voire le mal de mer que les Romains trouvent très dissuasif.

Toutefois, ce que le voyageur antique redoute le plus, ce sont les animaux qu'il peut croiser sur sa route. Bien sûr on peste contre les insectes qui vous assaillent dans les hôtels douteux ou sur le pont des navires ; mais rien ne surpasse l'angoisse de rencontrer un fauve (loup, sanglier, ours ou… lion !) ou de marcher sur un serpent, si bien que l'on signale les pays où il n'y a pas d'animaux féroces, ou même certains endroits où les scorpions, plutôt conciliants, ne s'attaquent pas aux voyageurs !

La peur de l'étranger

Arrivé à destination, on peut craindre la réaction des habitants du lieu. En effet on a tendance à se méfier de l'étranger que l'on accuse souvent de corrompre les mœurs locales par les nouveautés qu'il apporte. En cela l'attitude des Romains à l'égard des Grecs est parlante : au théâtre les mœurs grecques servent souvent de repoussoir ! Mais, dans l'Antiquité, la xénophobie est le défaut le mieux partagé.

Ainsi, en 88 av. J.-C., sous l'impulsion du roi Mithridate, alors en conflit avec Rome, les Italiens habitant en Asie Mineure furent massacrés par les cités grecques où ils résidaient. Cette poussée de haine fit 80 000 morts et n'épargna ni les femmes ni les esclaves !

Attelage. Bas-relief. Musée de la Civilisation romaine, Rome.

Les tracasseries douanières

Même l'homme dont le voyage se déroule à merveille n'est pas épargné par les soucis : il lui faut en effet affronter la douane ! Car les péages sont nombreux et se situent aussi bien à la frontière des provinces qu'à l'entrée des villes, ou le long des routes et des fleuves. Et rien n'échappe à la vigilance des douaniers qui exigent la déclaration de tous les biens (y compris le matériel roulant : attelage et montures !) afin de taxer le voyageur. Car ce dernier doit payer pour le transport de certains produits ou objets comme les épices, les parfums, les produits pharmaceutiques, le textile brut ou teint ou encore les esclaves de luxe.

Voyageurs quittant le port de Classe. Mosaïque. Ravenne.

Bilan de la séquence 9

Étymologie

❶ Dans cette séquence, il a beaucoup été question de navigation. Sache donc que le latin **navis**, *le bateau*, est de la même famille que son homologue grec : ναῦς (**naus**), *le navire*. Complète les phrases suivantes en utilisant des mots qui leur sont apparentés.

a. On utilise les péniches uniquement sur les cours d'eau …
b. À chaque fois que tu vas sur un bateau, tu as systématiquement la …
c. Mon petit frère rêve d'être aviateur et est un passionné d'…
d. On construit les bateaux dans des chantiers …
e. Dans les avions, les hôtesses et les stewards font partie du personnel …

❷ Les bateaux font souvent naufrage. Ce mot français vient du latin **naufragium** formé de **navis** et du verbe **frango, is, ere, fregi, fractum,** *briser*. Retrouve, grâce aux définitions suivantes, quelques mots qui ont ce verbe latin pour ancêtre.

a. phrases que l'on répète dans les chansons
b. on la commet quand on viole la loi
c. antonyme de *solide*
d. en maths, on écrit un quart ou un tiers sous cette forme
e. quand un os se casse

Langue

❶ Sur l'amitié

Traduis ce texte. À ton avis, quelle morale peut-il illustrer ?

Socrate s'était fait bâtir une petite maison. Un jour, un voyageur lui demande :

« Quaeso[1], tam angustam[2] talis vir[3] ponis[4] domum ?
—Utinam, inquit, veris hanc amicis impleam[5] ! »

Phèdre, *Fables*, III, 9

Notes

1. *je te prie*
2. **angustus, a, um** : *étroit*
3. **talis vir** : *un homme tel que toi*
4. **ponis** : *tu construis*
5. **impleo, es, ere** : *remplir*

❷ Vive l'amour !

Par quel moyen est exprimé l'ordre dans le texte latin ?

Pour le voyageur, la route n'était pas toujours triste, grâce aux graffitis qui ornaient certains murs des villes italiennes.

« Quisquis amat valeat, pereat qui nescit amare
bis tanto pereat quisquis amare vetat. »

*« Prospère qui aime, périsse qui ne sait aimer
périsse deux fois plus qui empêche d'aimer. »*

Ph. Moreau, *Sur les murs de Pompéi*.

Civilisation

❶ Une nature difficile

Complète cette grille en traduisant en latin les mots suivants.

1. tempête
2. nuage
3. montagnes
4. vent
5. gelé
6. lumière (génitif singulier)
7. eau (datif pluriel)
8. souffle (accusatif pluriel)

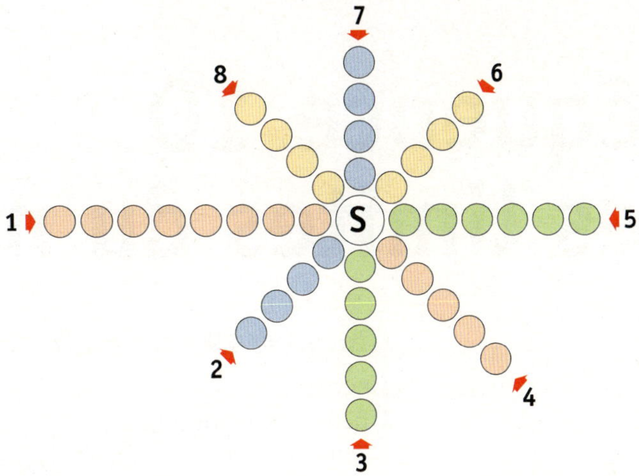

❷ Un intrus s'est glissé dans chaque liste. Retrouve-le !

1. Rome – Tarente – Corinthe – Brindes – Bénévent
2. ampoule – entorse – courbatures – nausée
3. lion – sanglier – serpent – méduse – scorpion
4. bœuf – cheval – mouton – mulet – âne
5. commerce – profit – transaction – tourisme – sesterce
6. Dauniens – Samnites – Étrusques – Béotiens

Navire à quai.
Mosaïque (IIIe s. ap. J.-C.).
Musée du Bardo, Tunis.

Statuette en bois et cuir représentant un renne (Ve s. av. J.-C.). Musée de l'Ermitage, Saint-Pétersbourg.

Séquence 10
Les limites du monde connu

Quelle partie du corps de ce renne est représentée de manière exagérée ? À quelle activité humaine rattacherais-tu cet animal ? En observant la table des matières, indique quel peuple a créé cette œuvre d'art.

19 Lointaine Asie

Objectifs
- lecture : lire une lettre
- langue : exprimer la cause
- civilisation : découvrir les peuples de l'Est

Lecture

Une vie harmonieuse

Dans une correspondance imaginaire entre Alexandre le Grand et Dindime, roi des Brahmanes (un peuple d'Inde), écrite par un auteur anonyme du IVe siècle ap. J.-C., l'Indien décrit les mœurs de ses concitoyens.

Gens igitur Bragmanorum pura et simplici vita vivit. Nullis rerum capitur illecebris. Nil appetit amplius quam ratio naturae flagitat. [...]
Judicia non habemus, quia corrigenda non facimus. Leges nullas tenemus quae apud vos crimina proferunt ; nam dum plerumque severis sanctionibus incognita prohibent, facinora docuerunt. Una genti lex est : contra jus non ire naturae. [...]
Cruentis dapibus uterum non torquemus. Vescendi causa secreta litorum retibus non rimamur, non aequoreas animantes secreta venatione decipimus, aut aeris libertatem captu avium verberamus ; silvarum incolas non vastamus indagine neque spolia ferina domum convehimus.

Donc le peuple des Brahmanes mène une vie pure et innocente. Les séductions du monde sont sans effet sur lui. Il ne demande rien de plus que n'exige la raison naturelle. [...]
Nous n'avons pas de tribunaux, parce que nous ne faisons rien de répréhensible. Nous n'avons aucune des lois qui, chez vous, provoquent les crimes ; car, en interdisant par des sanctions sévères des forfaits inconnus, elles en ont enseigné l'existence. La nation n'a qu'une loi : ne pas aller contre le droit naturel. [...]
Nous ne torturons pas notre ventre avec des mets sanglants. Pour nous nourrir, nous ne fouillons pas avec des filets les secrets des rivages, nous ne surprenons pas les animaux marins en les poursuivant en secret, ni ne violons la liberté des airs en capturant les oiseaux ; nous n'exterminons pas avec des filets les hôtes des forêts et n'emportons pas chez nous les dépouilles des fauves.

Texte apocryphe, « *Correspondance échangée entre Alexandre le Grand, roi de Macédoine, et Dindime, roi des Brahmanes, sur la philosophie* » (début du IVe s. ap. J.-C.), traduction Jacques André et Jean Filliozat, *L'Inde vue de Rome*,

Matsya (poisson), première incarnation de Vishnu.
Miniature indienne, art rajpute (XVIIe s.).

Lire le texte

1 Comment est qualifiée la vie des Brahmanes ? Relève les termes latins et français.

2 Qu'essaie de respecter le peuple de Dindime ? Fais la liste des mots ou expressions qui t'ont permis de répondre.

3 Pourquoi les Brahmanes n'ont-ils pas de tribunaux ?

a) Relève la proposition qui donne l'explication. Quelle circonstance de la situation exprime-t-elle ? Par quel mot est-elle introduite en français et en latin ?

b) Repère une conjonction de coordination de même sens en français et en latin.

4 Que reproche Dindime aux lois ? À ton avis, est-ce justifié ?

5 Que remarques-tu à propos de la construction des phrases du dernier paragraphe ? Quelle conclusion en tires-tu ? À ton avis, à qui Dindime oppose-t-il son peuple ?

6 Relève les champs lexicaux qui te paraissent les plus importants dans le dernier paragraphe : qu'en ressort-il ?

Mise à mort du démon Aghasura.
Miniature indienne (XVIIIe s.).
Gouache sur papier.
Bharat Kala Bhawan Museum, Bénarès.

Étymo logie

LES TROUVAILLES D'ETYMON

Dans les sociétés anciennes, où l'écrit était peu répandu, la parole prenait une grande importance. Et quand on *jurait*, on s'engageait par serment. C'est ce qui explique le sens premier du nom latin **jus, juris**, n. : « formule rituelle ayant force de loi ». Avec le temps, cela s'est transformé en « droit ». Et quand on prononce une *juste* sentence, on se conforme à la *justice*.

Mais chaque famille de mots possède son vilain petit canard. Dans ce cas, le parent qu'on cache est un nom pourtant fort honorable au début de sa carrière. En effet, pour *jurer*, il faut prononcer un *juron*. Jusqu'au XVIIe siècle, pas de problème. Hélas, après cela, les choses se compliquent : le sens premier de « serment » disparaît au profit de celui de « blasphème ». Ainsi s'achève dans la boue la carrière pourtant prometteuse du mot *juron* !

LES DEVINETTES D'ETYMON

Complète les phrases suivantes avec des mots de la famille de **jus** :

a) *Je te prie d'être poli avec ton professeur : cesse de l'....................... !*

b) *Si tu violes les lois, tu es passible de poursuites* ....

c) *Arrête cela. Je t'en supplie, je t'en* .... !

L'expression de la cause

Pour répondre aux questions **cur ? quare ?** *(pourquoi ?)* et exprimer la cause, le latin emploie :

• des **propositions indépendantes** coordonnées avec **nam, enim** : *car, en effet.*

Judicia non habemus, **nam** corrigenda non facimus.
Nous n'avons pas de tribunaux, ***car*** *nous ne commettons pas d'actes répréhensibles.*

Remarque : enim se situe le plus souvent après le 1er mot, rarement en tête de phrase.

• des **propositions subordonnées** introduites par :
– **quod/quia** ; **quoniam + indicatif** : *parce que ; puisque*

… **quod** corrigenda non **facimus**.
… parce que nous ne commettons pas d'actes répréhensibles.

– **cum + subjonctif** : *comme*

… cum corrigenda non **faciamus**.
… comme nous ne commettons pas d'actes répréhensibles.

Remarque : quod suivi du subjonctif signifie *dans l'idée que, sous prétexte que.*

• des **groupes nominaux :**
– à l'ablatif sans préposition :

Fame perit. *Il meurt de faim.*

– précédés de la préposition **propter + Ac.** : *à cause de :*

Propter nos. *À cause de nous.*

• l'**ablatif absolu :**

Libertate amata, non aves capimus.

<La liberté aimée>, nous ne capturons pas les oiseaux.

Étant donné que/Vu que/Puisque/Comme… nous aimons la liberté, nous ne capturons pas les oiseaux.

❶ Identifie le moyen utilisé pour exprimer la cause et traduis chaque phrase.

1. Cum clamemus, te non audit.
2. Nobis clamantibus, te non audit.
3. Propter clamorem, te non audit.
4. Non te audit, nam clamamus.
5. Quod clamamus, te non audit.
6. Quod clamemus, dicit se te non audire.

❷ Traduis ces phrases.

1. Pura vita vivimus, quia contra jus naturae non imus.
2. Leges, quod crimina incognita *(délits inconnus)* prohibent, facinora docent.
3. Cum non aves capiamus, non earum libertatem verberamus.
4. Silvarum incolas non vastamus ; venatores *(chasseurs)* enim non sumus.

❸ Remplace l'ablatif absolu par une proposition subordonnée de cause et traduis la phrase obtenue.

1. Caesare jubente, milites impetum faciunt.
2. Duce veniente, omnes milites proelium committunt.
3. Nave fracta, nautae in litore sunt.

❹ Traduis ces phrases que tu auras complétées avec l'un de ces compléments circonstanciels de cause : quod contra jus naturae non it – malo cibo – propter venationem *(chasse)* – quoniam carnem *(viande)* non edimus.

1. Uterum *(ventre)* non torquemus *(torturer)*
2. Pura vita vivit…
3. Non feras domum vehimus…
4. Silvarum incolas non vastant…

❺ « Cur tristis es ? Quare felix es ? » Réponds à ces questions en traduisant les réponses suivantes à l'ablatif singulier.

1. à cause d'une affaire (**res, rei**, f.) — —
2. à cause d'un visage (**os, oris**, n.) — — —
3. par habitude (**mos, oris**, m.) — — — —
4. par amour (**amor, oris**, m.) — — — — —
5. à cause du bruit (**clamor, oris**, m.) — — — — — — —

Vocabulaire à retenir

Noms

avis, is, f. : ***l'oiseau***
facinus, oris, n. : ***le crime***
incola, ae, m. : ***l'habitant***
jus, juris, n. : ***le droit***
lex, legis, f. : ***la loi***
libertas, tatis, f. : ***la liberté***
litus, oris, n. : ***le rivage***
silva, ae, f. : ***la forêt***

Adjectif

purus, a, um : ***pur***

Verbes

doceo, es, ere, docui, doctum : ***enseigner*** (qqch.) ***; instruire*** (qqn)
prohibeo, es, ere, bui, bitum : ***interdire***
veho, is, ere, vexi, vectum : ***transporter***
vasto, as, are, avi, atum : ***dévaster, détruire***

Mots invariables

contra (+ Ac.) : ***contre***
cur ? quare ? : ***pourquoi ?***
enim : ***en effet*** (2e position)
quia, quod : ***parce que***
quoniam : ***puisque***

Civilisation

Découvrir

Au pays de la soie

Grâce à leurs expéditions dans l'Est, les Romains ont découvert un nouveau peuple, les Sères (qu'on assimile peut-être à tort aux Chinois) et un produit dont les femmes romaines ne peuvent plus se passer : la soie.

Les premiers hommes qu'on connaisse [en ce pays] sont les Sères, célèbres par la laine de leurs forêts. Ils détachent le duvet blanc des feuilles en l'arrosant d'eau ; puis nos femmes exécutent le double travail de dévider les fils et de les tisser. C'est avec un travail si compliqué, c'est dans des contrées si lointaines qu'on obtient ce qui permettra à une matrone de se montrer en public avec une étoffe transparente. Les Sères sont civilisés ; mais, semblables eux-mêmes aux animaux sauvages, ils fuient la société des autres hommes et attendent que le commerce vienne les trouver.

Pline l'Ancien (23-79 ap. J.-C.), *Histoire naturelle*, VI, 54
traduction Littré, © Gallimard

Questions

1. Comment obtient-on de la soie ? Cette technique est-elle conforme à la réalité ?
2. La soie est-elle traitée sur place ? Qui se charge de cela ?
3. À ton avis, la soie coûtait-elle cher ? Relève les éléments dans le texte qui t'ont permis de répondre.
4. Pline apprécie-t-il l'usage que les Romains font de la soie ? Pourquoi ?
5. À quoi sont comparés les Sères ? Quelle image cela donne-t-il d'eux ? Relève les mots ou expressions qui confortent ce point de vue.

Plaque en forme de tigre.
Jade blanc.
Musée des Arts asiatiques.

Lire l'image

Décris précisément cet objet (matière, sujet, forme, etc.). Quelles différences vois-tu avec les œuvres latines ou grecques que tu connais ?

L'extrême Est, le bout du monde

Pendant que les Romains prennent peu à peu possession de la Mare nostrum, d'autres peuples, à l'est, se développent et acquièrent de l'importance. Parmi eux les Indiens, les Chinois et les Parthes chez qui les combats font rage pour une frontière, un territoire.

Rome à la conquête de l'Est

Pour les Romains, le monde est composé d'un unique continent qui flotte sur la mer. Ils sont déjà allés jusqu'aux limites à l'ouest, la *Britannia* (l'actuelle Grande-Bretagne). Reste à découvrir l'Est, l'autre bout du monde ! Les marins, les soldats qui voyagent beaucoup racontent, de retour au pays, des histoires qui mêlent le fantasme à la réalité. On parle de grands hommes blonds aux yeux bleus, de monstres sans tête, de cyclopes, d'anthropophages, d'hommes-oiseaux. Pompée, qui n'ira pas plus loin que l'Arménie avec son armée, découvre avec stupeur des montagnards qui dévalent les pentes sur des chaussures à roulettes !

Les Parthes, un obstacle infranchissable

Malgré de nombreuses tentatives, de nombreuses expéditions armées, aucune ambassade officielle ne parvient sur la côte est. Car, pour aller de Rome en Chine par la terre, il faut nécessairement traverser le territoire des Parthes (→ carte 3, page de garde). Or, ceux-ci n'acceptent pas les incursions romaines et leurs armées sont à ce point puissantes qu'elles font trembler même les terribles vainqueurs des Carthaginois. Plusieurs tentatives se solderont par des échecs sanglants, des milliers de soldats laisseront leur vie dans les déserts parthes.

Les Chinois s'intéressent aux Romains

De leur côté, les Chinois désirent aussi explorer la partie ouest du monde, qui leur reste inconnue. Et en particulier cet empire qu'ils connaissent sous le nom de Ta T'sin (« Grande Chine ») et qui n'est autre que l'Empire romain, dont la renommée est parvenue jusqu'à la cour des Han, les empereurs chinois.

C'est ainsi que va naître la route de la soie. Afin d'ouvrir une nouvelle voie commerciale, les Chinois envoient des caravanes chargées d'or, de soie, de cannelle et d'autres marchandises inconnues, ou rares, autour de la Mare nostrum.

Mais elles sont toutes interceptées par les Parthes, qui préfèrent éviter que des étrangers ne traversent leur territoire. Ces derniers ont également bien compris l'avantage qu'ils pourraient tirer d'un monopole de la soie dans l'Empire romain. Chinois et Romains pourront donc commercer, mais en passant par les Parthes !

Ce n'est qu'en 166 ap. J.-C. qu'une première ambassade romaine atteindra la cour de Chine… par la mer.

En haut : Miniature chinoise (Ier s. av. J.-C.). Terre cuite. Musée national, Pékin.

Ci-dessous : Peinture murale indienne (années 60). Monastère de Pemayangtse, Inde.

20 Les Scythes

Objectifs

- **lecture : lire un poème mythologique**
- **langue : se familiariser avec la scansion**
- **civilisation : découvrir les Scythes**

Lecture

Au pays de la Faim

Décidée à punir un mortel, Cérès ordonne à une nymphe d'aller chercher la Faim. Avant son départ, la déesse des moissons lui donne quelques indications.

« Est locus extremis Scythiae glacialis in oris,
Triste solum, sterilis, sine fruge, sine arbore tellus ;
Frigus iners illic, habitant Pallorque Tremorque
Et jejuna Fames. [...]
Neve viae spatium te terreat, accipe currus,
Accipe, quos frenis alte moderere, dracones. »
Et dedit. Illa dato subvecta per aera curru
Devenit in Scythiam rigidique cacumine montis
(Caucason appellant) serpentum colla lenavit ;
Quaesitamque Famem lapidoso vidit in agro
Unguibus et raras vellentem dentibus herbas.
Hirtus erat crinis cava lumina, pallor in ore,
Labra incana situ, scabrae rubigine fauces,
Dura cutis, per quam spectari viscera possent.

« Il est, à l'extrémité de la Scythie, un lieu glacial, un pays désolé, une terre stérile, sans moissons, sans arbres ; là habitent le Froid qui engourdit, la Pâleur, le Frisson et la Faim toujours à jeun. [...]
Il ne faut pas non plus que la longueur du voyage t'effraie ; prends mon char, prends mes dragons, que tu gouverneras avec le frein dans les hauteurs du ciel. » Elle les donne aussitôt. La nymphe, montée sur le char que lui a donné Cérès, traverse les airs ; elle arrive en Scythie et là, sur le sommet d'une montagne glacée (on l'appelle le Caucase), elle débarrasse du joug le cou des dragons ; elle cherche la Faim ; elle la voit dans un champ pierreux, qui arrachait avec ses ongles et avec ses dents quelques rares brins d'herbe. Elle avait les cheveux hérissés, les yeux caves, le visage pâle, les lèvres blanchies par une bave infecte, la gorge irritée par un enrouement ; à travers sa peau dure on aurait pu voir ses entrailles.

Ovide (43 av. J.-C. – 17 ou 18 ap. J.-C.),
Les Métamorphoses, VIII, 788-791 et 794-800
traduction G. Lafaye

Tenture en feutre de Pazyryk (Altaï) (Ve s. av. J.-C.)
Scythe (détail).
Musée de l'Ermitage, Saint-Pétersbourg.

Lire le texte

Vase en électrum représentant des Scythes. (IVe s. av. J.-C.).
Musée de l'Ermitage, Saint-Pétersbourg.

1 Où est envoyée la nymphe ? Relève les mots qui désignent et ceux qui caractérisent ce lieu en français et en latin. Quelle impression dégage-t-il ?

2 **a)** Quels sont les habitants de cette terre ? Te semblent-ils en accord avec la description du lieu ? Pourquoi ?
b) Des hommes peuvent-ils vivre dans un tel décor ? Quelle image cela donne-t-il des Scythes qui habitaient effectivement ces contrées ?

3 Dresse le portrait précis de la Faim à partir des mots latins.

4 Ce texte est-il réaliste ? Relève les mots ou expressions qui t'ont permis de répondre. À quel genre de texte le rattacherais-tu ?

5 Cherche sur un atlas moderne le Caucase, région où habitaient les Scythes.

6 Observe la mise en page du texte latin : que remarques-tu ? Que peux-tu en déduire ?

7 Compte les syllabes de plusieurs vers : le nombre est-il le même ?

Étymo logie

LES TROUVAILLES D'ETYMON

La solitude, le soleil et le sol : quel rapport entre ces trois noms ? Aucun, malgré les apparences. Pourtant, on semble bien retrouver la racine **sol**- dans ces trois mots ! Oui, mais nous avons ici affaire à trois racines différentes, même si elles s'écrivent de manière identique. Le latin possédait plusieurs racines **sol**- homonymes : une pour **sol, solis** (m.), *le soleil* ; une autre pour **solus, a, um**, *seul* ; une pour **consolor, aris, ari, atus sum**, *consoler* ; une encore pour **solum, i** (n.), *le sol* ; une enfin pour **soleo, es, ere, itus sum**, *avoir l'habitude*.
Pas étonnant qu'ensuite, en français, on s'emmêle un peu. L'élément **sol-** apparaît encore dans notre langue sous trois sens : celui de « soleil », celui de « seul » et celui de « pièce de terrain ».

LES DEVINETTES D'ETYMON

Dans la liste suivante, précise à quel sens de *sol-* se rattache chaque mot, après en avoir donné une définition. (N'hésite pas à utiliser un dictionnaire !) :
insolent – insolation – désolation – consolation – soliste

Langue

La scansion

• Dans la poésie latine, on ne trouve pas de rime et il n'y a pas un nombre de syllabes fixe dans un vers (pas d'alexandrin ni de décasyllabe !). Ce qu'on prend en compte, c'est la longueur des syllabes. En effet, certaines étaient prononcées plus ou moins rapidement : il existe donc les syllabes **longues** (—) et les syllabes **brèves** (◡), comme, en musique, les noires et les croches.

• Lorsqu'on **scande** un vers latin, on observe la longueur des syllabes qui le composent et, selon les observations, on le découpe en **pieds**.

1. La longueur des syllabes

• Une syllabe est **longue** si la voyelle qui la compose est longue par **nature** (pour le savoir, une seule solution, aller voir dans le dictionnaire !) ou si elle est suivie d'au moins deux **consonnes** :

– dans le même mot : est

– ou en comptant les consonnes du mot suivant : extremis Scythiae.

Attention cependant :

• Le **-h-** ne compte pas comme consonne.

• **Qu-** compte pour une seule consonne.

• Quand la 2e consonne est un **-r-** ou un **-l-**, la syllabe peut être **longue** ou **brève**.

• Une voyelle suivie d'une autre voyelle dans le même mot, et qui ne fait pas partie d'une diphtongue, est toujours brève : Scythĭae.

• Une diphtongue (**ae, oe, au, eu**) est toujours longue.

• Si un mot s'achève par une voyelle et que le mot suivant commence par une voyelle, la voyelle finale du premier mot est élidée. Elle ne comptera donc pas, puisque les Romains ne la prononçaient pas : **sĭn(e), ārbŏrĕ.**

2. La scansion

• Quand on a déterminé la longueur des syllabes, on doit les regrouper en **pieds**. Il en existe plusieurs. Voici les plus fréquents :

– **le spondée :** – –

– **le dactyle** : – ◡ ◡

– **le trochée** : – ◡

Ensuite, tous ces pieds s'organisent en vers selon différents modèles. Le plus courant est l'**hexamètre dactylique**. Il comporte **6 pieds** (**hexa** signifie « six » en grec), qui ont pour modèle le **dactyle**. En voici le schéma :

4 dactyles ou spondées				1 dactyle	1 spondée (ou trochée)
– ◡ ◡	— ◡ ◡	– ◡ ◡	– ◡ ◡	– ◡ ◡	– –
– –	– –	– –	– –	– ◡ ◡	– ◡
1	2	3	4	5	6

Un vers scandé ressemblera donc à cela :

Trīstĕ sŏ/lūm stĕrĭ/līs, sĭnĕ / frūgĕ, sĭ/n(e) ārbŏrĕ / tēllūs.

1er 2e 3e 4e 5e 6e

3. Pour bien commencer

a. Repère les élisions :

sĭn(e) ārbŏrĕ

b. Repère les syllabes longues ou brèves par position.

c. Ensuite pars de la fin : les deux derniers pieds sont la plupart du temps identiques :

ārbŏrĕ / tēllūs.

5e 6e

d. Tu n'as plus qu'à combler les vides en respectant le schéma de l'**hexamètre dactylique :**

Triste solum sterilis, sine fruge, sine arbore tellus devient :

Trīstĕ sŏ/lūm stĕrĭ/līs, sĭnĕ / frūgĕ, sĭ/n(e) ārbŏrĕ / tēllūs.

1er 2e 3e 4e 5e 6e

À présent, tu peux scander le reste du texte d'Ovide !

Civilisation

Découvrir

Tombés du ciel

Hérodote d'Halicarnasse, un historien grec du Ve siècle av. J.-C., s'intéresse lui aussi aux Scythes. Il en cherche l'origine et rapporte les différentes versions de la naissance de ce peuple. Voici celle que proposent les Scythes eux-mêmes.

Dans leur pays, qui était alors un désert, naquit d'abord un homme qui se nommait Targitaos ; ce Targitaos avait, selon eux, pour parents (c'est ce qu'ils disent, mais je n'en crois rien) Zeus et une fille du fleuve Borysthène[1]. Issu de tels parents, ce Targitaos, disent-ils, eut trois fils, Lipoxaïs, Arpoxaïs, et Colaxaïs qui était le plus jeune. Sous leur règne, du haut du ciel tombèrent en Scythie des objets en or : une charrue et un joug, une hache-sagaris[2], et une coupe ; l'aîné les vit d'abord et voulut les ramasser, mais à son approche l'or s'enflamma ; il recula et le deuxième fils voulut s'approcher à son tour : la même chose advint. Les flammes les repoussèrent donc tous les deux, mais, quand le troisième fils, le plus jeune, se présenta, elles s'éteignirent et le jeune homme put recueillir l'or ; les deux aînés comprirent le sens de ce prodige et remirent au plus jeune la royauté sans partage.

Hérodote (484-420 av. J.-C.), *L'Enquête*, IV, 5
traduction Andrée Barguet, © Éditions Gallimard

Notes

1. le Dniepr
2. hache de guerre double

Scène de combat. Peigne en or. Musée de l'Ermitage, Saint-Pétersbourg.

Questions

1. À partir du texte, fais un rapide arbre généalogique de la première famille scythe.
2. Quels objets sont envoyés par les dieux ? Que symbolise chacun d'eux ?
3. Comment est choisi le roi des Scythes ? Ce pouvoir est-il discutable ? Pourquoi ?
4. Hérodote est-il d'accord avec cette version ? Relève les expressions qui t'ont permis de répondre.

Lire l'image

1. Que font les trois hommes ?
2. Décris leurs vêtements, leur armement et leur physique.
3. Examine le casque du cavalier : que remarques-tu ?

Les nomades des steppes

Des guerriers, à cheval, armés d'arcs aux flèches meurtrières, barbares et sans pitié : voilà l'image qu'a laissée ce peuple, ou plutôt ce regroupement de tribus, qui a vécu au nord de la mer Noire, du VIIe siècle av. J.-C au IIIe siècle ap. J.-C.

Une naissance légendaire

Plusieurs mythes expliquent la naissance du peuple scythe. Tu as vu celle de Targitaos dans le texte d'Hérodote. Les Grecs, eux, proposaient une autre origine : Héraclès, pour récupérer un troupeau de bœufs, aurait dû s'unir à une créature locale, au buste de femme et au corps de serpent. De cette union, trois fils seraient nés, dont le plus jeune, Skythès, deviendra roi des Scythes.

Des ennemis redoutables

Même si les Scythes sont avant tout des éleveurs, nomades par nécessité, ils n'en restent pas moins attachés à leur territoire. Ils cherchent souvent à l'agrandir. Les Égyptiens, au VIIe siècle av. J.-C., ont subi leur invasion, à ce point violente que même la Bible y fait référence.

À la suite de ces incursions, les frontières vont se stabiliser.

Mais de nombreux voisins tentent de vaincre ce peuple redoutable. Parmi eux les Perses, menés par Darius Ier, à la fin du IVe siècle av. J.-C. ; ou les Macédoniens, conduits par Philippe II, au milieu de ce même siècle. Tous échouent !

Une fin mystérieuse

On ignore encore comment ces guerriers si redoutés ont pu disparaître. Au IIIe siècle av. J.-C., l'influence scythe commence à s'amenuiser, sans raison apparente. On en trouve encore quelques traces par la suite, mais sans rapport avec ce qui précède. Les Scythes sont définitivement anéantis au IIIe siècle ap. J.-C. par les Huns.

De sanglants rituels

Les guerriers impressionnaient leurs adversaires par leur force, leur habileté à monter à cheval et à tirer à l'arc ; mais surtout par certaines coutumes, jugées barbares.

Le jeune Scythe ne devenait un guerrier que s'il buvait le sang de son premier ennemi après l'avoir tué. De plus, pour obtenir une part du butin lors des combats, les soldats devaient prouver leur participation en rapportant à leur chef les têtes tranchées de leurs ennemis.

C'est ainsi que l'on a découvert des crânes humains transformés en coupes à boire ! Enfin, les chevelures des adversaires vaincus étaient attachées aux brides des chevaux : on pouvait, de cette manière, savoir au premier coup d'œil la valeur d'un guerrier.

En haut : Déesse ailée.
Ornement de char en bronze.
Musée de l'Ermitage,
Saint-Pétersbourg.

À gauche : Scythe.
Figurine en argent (V^e-IVe s. av. J.-C.)
Musée de l'Ermitage,
Saint-Pétersbourg.

Bilan de la séquence 10

Étymologie

1 Au chapitre 19, on dit que les Indiens n'auraient pas de lois et qu'ils n'éprouveraient pas le besoin d'*interdire* ! Mais ce n'est pas le cas des Romains dont les mots **lex, legis** et **prohibere** ont produit en français une descendance bien vivace.
Retrouve certains de ces descendants pour compléter les phrases suivantes.

a. Dans les endroits touristiques, les commerçants pratiquent souvent des prix …
b. Faire passer des produits en fraude est un acte …
c. Les sénateurs et les députés font partie du pouvoir …
d. Tous les 14 juillet, M. Robert emmène son épouse … au bal.

2 Au chapitre 20, tu as rencontré la déesse **Fames** : *la Faim*. À toi de découvrir derrière les définitions suivantes des mots ayant **fames** pour origine.

a. synonyme de disette
b. se dit de quelqu'un qui n'a plus que la peau sur les os
c. priver quelqu'un de vivres
d. encas qui permet d'attendre le repas
e. mésaventure qui arrive aux cyclistes en plein effort

Langue

1 Cherche, dans cette grille, les neuf mots qui expriment la cause.

A	Q	U	A	R	E
Q	U	O	D	E	C
U	O	Q	X	T	U
I	N	A	M	P	M
A	I	R	I	O	I
P	A	U	N	R	A
E	M	C	E	P	C

2 Tu retrouveras le thème de la leçon de langue du chapitre 19 en remplissant la grille ci-dessous.

1. un crime
2. la liberté
3. interdire (au supin)
4. le droit
5. la loi

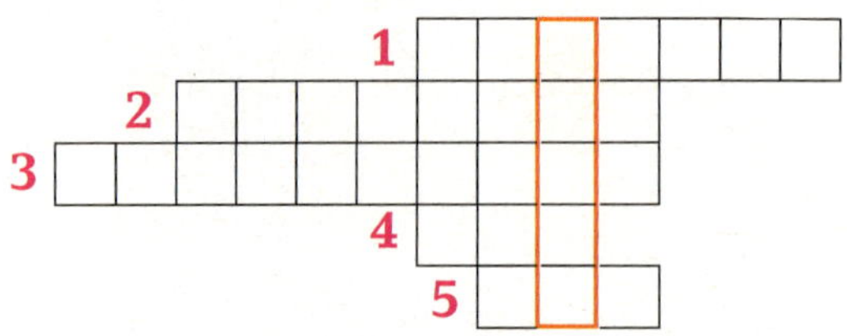

Civilisation

Regarde attentivement ces deux documents. Pour chacun d'eux, précise le matériau utilisé comme support, puis détaille le costume des personnages représentés. Enfin, d'après tes observations, indique si ce sont des vêtements d'origine indienne ou scythe.

1

Mélodie d'Asavari.
Peinture sur soie.
Miniature indienne
(XVIIe-XVIIIe s.).

2

Cavalier.
Tapisserie en feutre (détail).
Musée de l'Ermitage,
Saint-Pétersbourg.

Dossier

Lire le monde : la cartographie

À Rome on réalisait des cartes que l'on plaçait dans les temples ou sous les portiques pour permettre aux Romains de visualiser l'étendue de leurs conquêtes. Voici la copie de l'une d'entre elles : la Table de Peutinger.

Carte 1

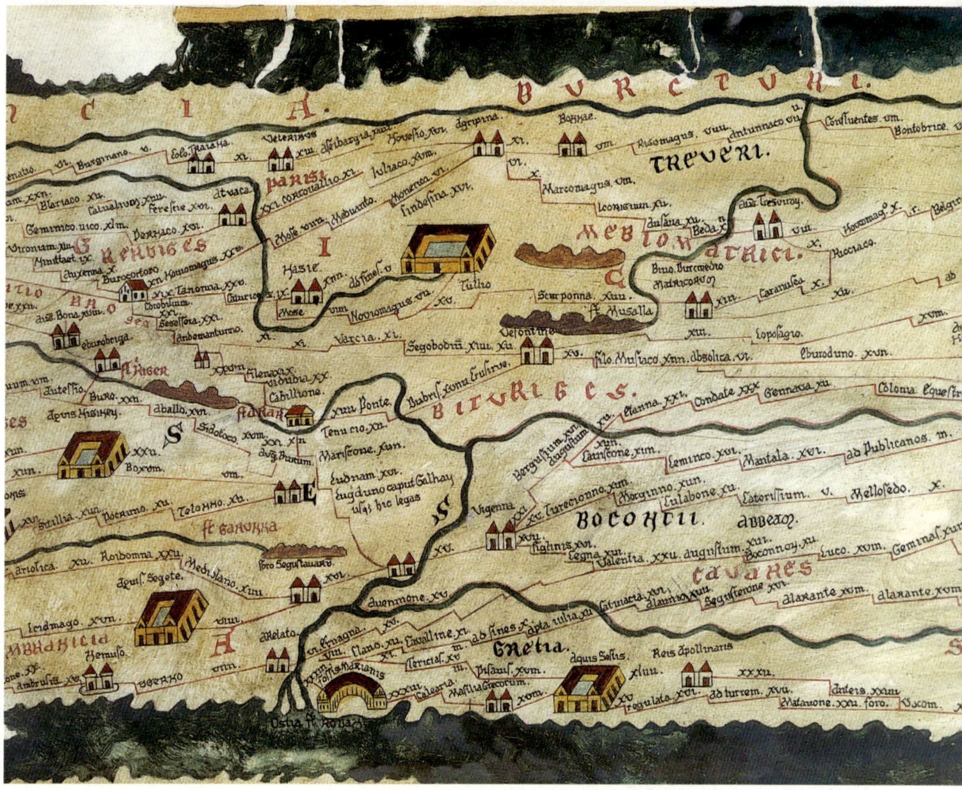

Table de Peutinger (détail), XVe s.
Musée de la poste, Paris.

Questions

1. La carte 2 représente le même pays que la carte 1.
a. De quel pays s'agit-il ?
b. En observant la carte 1, que peux-tu dire sur la forme générale du pays? Est-il reconnaissable ?

2. En te reportant à la carte 2, indique quelles mers semblent baigner le Sud de la carte 1. Qu'en est-il du Nord ?

Carte 2

Questions

3 En t'aidant de la carte 2, repère les éléments suivants sur la carte 1 :

a. l'estuaire du Rhône

b. la ville de Marseille (Massilia) : rappelle-toi que ses habitants sont des Grecs !

c. le peuple des Bituriges, des Parisii, des Vocontii, des Mediomatricii et des Treveri.

d. la Loire et la Garonne.

4 À quoi peuvent correspondre les chiffres romains que l'on trouve le long des lignes rouges tracées sur la carte 1 ?

Voici tous les mots latins que tu as rencontrés dans ton manuel.
Les mots en rouge sont ceux que tu dois connaître en 4e.

A

ab (+ Ab.) • *de*
abeo, is, ire, ii, itum • *s'en aller*
absum, es, esse, afui • *être absent*
ac • *et*
accidit ut (non) (+ subj.) • *il arrive que (ne...pas)*
accipio, is, ere, cepi, ceptum • *recevoir*
acies, ei, f. • *ligne de bataille*
ad (+ Ac.) • *vers*
adeo, is, ire, ii, itum • *aller vers*
adjungo, is, ere, junxi, junctum • *adjoindre*
adsum, es, esse, fui • *être présent*
adventus, us, m. • *arrivée*
adulescens, tis, m. • *jeune homme*
aedifico, as, are, avi, atum • *construire*
Aeolus, i, m. • *Éole*
aequor, oris, n. • *mer, vague*
aestimo, as, are, avi, atum • *estimer*
aestus, us, m. • *chaleur*
ager, agri, m. • *champ*
ago, is, ere, egi, actum • *faire, mener*
agricultura, ae, f. • *agriculture*
alienus, a, um • *d'autrui*
aliquis, a, id/od • *quelque*
alius, a, ud (G. **alterius**) • *autre*
alter, a, um (G. **alterius**, D. **alteri**) • *autre (de deux)*
ambulo, as, are, avi, atum • *se promener*
amicus, i, m. • *ami*
amo, as, are, avi, atum • *aimer*
amor, oris, m. • *amour*
ancilla, ae, f. • *servante*
angustus, a, um • *étroit*
anima, ae, f. • *âme, vie*
animal, is, n. • *animal*
animus, i, m. • *esprit*
annus, i, m. • *année*
ante (+ Ac.) • *avant*
aperio, is, ire, perui, pertum • *ouvrir*
apud (+ Ac.) • *chez, auprès de*
aqua, ae, f. • *eau*
ara, ae, f. • *autel*
arca, ae, f. • *coffre*
arcesso, is, ere, ivi, itum • *appeler, faire venir*
arma, orum, n. pl. • *armes*
arx, arcis, f. • *citadelle*
astrum, i, n. • *astre*
at • *mais*
atque • *et*
atrox, ocis • *atroce, farouche*
audax, acis • *audacieux*
audio, is, ire, ivi, itum • *entendre*
aufero, fers, ferre, abstuli, ablatum • *enlever*
aura, ae, f. • *brise*
auris, is, f. • *oreille*
aurum, i, n. • *or*
aut • *ou*
autem • or
avis, is, f. • *oiseau*

B

bal(i)neum, i, n. • *salle de bains ;* pl., *bains publics*
beatus, a, um • *heureux*
bellum, i, n. • *guerre*
bene • *bien*
beneficium, ii, n. • *bienfait*
bestia, ae, f. • *bête*
bibo, is, ere, bibi, bibitum • *boire*
bis • *deux fois*
bison, onis, m. • *bison*
bonus, a, um • *bon*
brevis, e • *bref*
bubalus, i, m. • *buffle*

C

cado, is, ere, cecidi, casum • *tomber*
caecus, a, um • *aveugle, sombre*
caelum, i, n. • *ciel*
Caesar, is, m. • *César*
campus, i, m. • *plaine*
canis, is, m. • *chien*
capillus, i, m. *cheveux, chevelure*
capio, is, ere, cepi, captum • *prendre*
caput, itis, n. • *tête*
carpo, is, ere, carpsi, carptum • *cueillir*

caro, carnis, f. • *viande*
Carthaginiensis, e • *Carthaginois*
Carthago, inis, f. • *Carthage*
castigo, as, are, avi, atum • *châtier, punir*
castra, orum, n. pl. • *camp*
casus, us, m. • *chute, accident*
caveo, es, ere, cavi, cautum • *prendre garde*
cedo, is, ere, cessi, cessum • *s'avancer ; céder à* (+D.)
cena, ae, f. • *repas*
centum • *cent*
centurio, onis, m. • *centurion*
ceteri, ae, a • *tous les autres*
cibus, i, m. • *nourriture*
circus, i, m. • *cirque*
civis, is, m. • *citoyen*
civitas, atis, f. • *cité*
clamo, as, are, avi, atum • *crier*
clamor, oris, m. • *cri*
claudo, is, ere, clausi, clausum • *enfermer*
clepo, is, ere, psi, – • *dérober*
cliens, ntis, m. • *client*
coclea, ae, f. • *escargot*
cocus (ou coquus), i, m. • *cuisinier*
coepi • *je commence*
cogito, as, are, avi, atum • *penser*
cognosco, is, ere, gnovi, gnotum • *apprendre, connaître*
committo, is, ere, misi, missum • *engager*
computo, as, are, avi, atum • *compter*
concedo, is, ere, cessi, cessum • *se retirer, concéder*
concurro, is, ere, curri, cursum • *accourir*
condicio, onis, f. • *condition*
condono, as, are, avi, atum • *sacrifier*
confero, fers, ferre, tuli, collatum • *réunir, rapprocher*
conjungo, is, ere, junxi, junctum • *unir*
conjux, ugis, f. • *épouse ;* m. • *époux*
consilium, ii, n. • *decision ; intention*
consul, is, m. • *consul*
contineo, es, ere, tinui, tintum • *maintenir, contenir*
contra (+ Ac.) • *contre*
conturbo, as, are, avi, atum • *brouiller*
copia,ae,f. • *grande quantité, abondance ;* pl. • *troupes*
copo (ou caupo), onis, m. • *cabaretier*
Corinthus, i, m. • *Corinthe*
corpus, oris, n. • *corps*
corrigo, is, ere, rexi, rectum • *corriger*
credo, is, ere, credidi, creditum • *croire*
crepitus,us, m. • *claquement, crépitement*
cresco, is, ere, crevi, cretum • *s'agrandir*
crimen, inis, n. • *crime ; reproche*
crudelitas, atis, f. • *cruauté*
crux, crucis, f. • *croix*
cum (conj. + ind.) • *quand, lorsque*
cum (conj. + subj.) • *comme, alors que*
cum (prép. + Ab.) • *avec*
cupio, is, ere, cupivi (ou ii), itum • *désirer*
cur • *pourquoi ?*
curo, as, are, avi, atum (ut/ne + subj.) • *prendre soin que*
curro, is, ere, cucurri, cursum • *courir*
currus, us, m. • *char*
cursus, us, m. • *course*
custos, odis, m ; • *gardien*
Cyrenenses, ium • *Cyrénéen*

D

de (+ Ab.) • *au sujet de ; du haut de*
debeo, es, ere, debui, debitum • *devoir*
decem • *dix*
delego, as, are, avi, atum • *déléguer*
dens, dentis, m. • *dent*
densus, a, um • *dense*
desum, es, esse, fui • *faire défaut à* (+D.)
dico, is, ere, dixi, dictum • *dire*
dies, ei, m. (ou f. au sg.) • *jour*
difficilis, e • *difficile*
dignus, a, um • *digne de* (+Ab.)
discedo, is, ere, cessi, cessum • *s'éloigner*
diu • *longtemps*
dives, itis • *riche*
divitiae, arum, f. • *richesses*
do, das, dare, dedi, datum • *donner*
doceo, es, ere, docui, doctum • *enseigner ; instruire*
doctus, a, um • *savant*
dolor, oris, m. • *douleur*
dominus, i, m. • *maître*
domus, us , f. • *maison* (locatif : **domi**)
donum, i, n. • *don, cadeau*
duco, is, ere, duxi, ductum • *conduire*
duo, ae, o • *deux*
dux, ducis, m. • *chef*

E

e/ex (+ Ab.) • *hors de, de*
edo, is (ou **es**)**, ere** (ou **esse**)**, edi, esum** • *manger*
ego • *moi*
emitto, is, ere, misi, missum • *émettre ; renvoyer*
enim • *en effet*
eo, is, ire, ivi (ou ii), itum • *aller*
eques, itis, m. • *cavalier ; chevalier*
equus, i, m. • *cheval*
error, oris, m. • *erreur, préjugé*
etiam • *encore, aussi*
evenit ut (**non**) + subj. • *il arrive que (ne...pas)*
excedo, is, ere, cessi, cessum • *sortir*
exeo, is, ire, ii, itum • *sortir*
exerceo, es, ere, cui, citum • *exercer*
exercitus, us, m. • *armée*
expello, is, ere, puli, pusum • *chasser*

F

fabula, ae, f. • *légende, conte*
facies, ei, f. • *visage*
facinus, oris, n. • *crime, méfait*
facio, is, ere, feci, factum • *faire ;* (**ut**/**ne** + subj.) : *faire en sorte que*
facilis, e • *facile*
factum, i, n. • *fait*
fames, is, f. • *faim*
familia, ae, f. • *famille*
felix, icis • *heureux*
fera, ae, f. • *bête sauvage*
fero, fers, ferre, tuli, latum • *porter, supporter*
festino, as, are, avi, atum • *se hâter*
fides, ei, f. • *parole donnée*
filius, ii, m. • *fils*
finis, is, m. • *limite* ; pl. • *territoire*
fio, fieri, factus sum • *devenir ;*
fit ut (+ subj.) • *il arrive que*
flecto, is, er, flexi, flexum • *courber, fléchir*
fleo, es, ere, flevi, fletum • *pleurer*
fors (indécl.) • *hasard*
fortis, e • *courageux*
fortuna, ae, f. • *hasard, fortune*
forum, i, n. • *forum, place publique*
frango, is, ere, fregi, fractum • *briser*
frater, fratris, m. • *frère*
frigus, oris, n. • *froid*
fugio, is, ere, fugi, fugitum • *fuir*
furor, oris, m. • folie, fureur

G

gaudium, ii, n. • *joie*
gemitus, us, m. • *gémissement*
gens, ntis, f. • *nation, famille*
genus, eris, n. • *genre*
Germani, orum, m. pl. • *Germains*
gero, is, ere, gessi, gestum • *porter ; faire*
gloria, ae, f. • *gloire*
gradus, us, m. • *pas, marche*
Graeculus, a, um • *« grécaillon »*
Graecus, a, um • *grec*
gratia, ae, f. • *reconnaissance*
gravis, e • *lourd*
gubernator, oris, m. • *pilote*

H

habeo, es, ere, ui, itum • *avoir*
habitus, us, m. • *allure*
harpago, as, are, avi, atum • *voler*
haud • *non, ne...pas*
hic, haec, hoc • *ce ; celui-ci*
hic • *ici* (où l'on est)
hinc • *de là*
hodie • *aujourd'hui*
homo, inis, m. • *homme*
hortus, i, m. • *jardin*
hostis, is, m. • *ennemi*
huc • *là* (où l'on va)
humilis, e • *humble, faible*

I

ibi • *ici*
idem, eadem, idem
(G. **ejusdem**, D. **eidem**) • *le même*
igitur • *donc*
ignobilis, e • *inconnu*
ille, a, ud • *ce ; celui-ci*
imber, bris, m. • *pluie*
imbuo, is, ere, bui, butum • *imprégner*
imitor, aris, ari, imitatus sum • *imiter*

impedio, is, ire, ivi (ou ii), itum • *empêcher, gêner*

impero, as, are, avi, atum (ut/ne + subj.) • *commander, ordonner que*

impetus, us, m. • *assaut*

impius, a, um • *impie*

impleo, es, ere, plevi, pletum • *remplir*

in (+ Ab.) • *dans* (sans mouvement)

in (+ Ac.) • *dans* (avec mouvement)

incola, ae, m. • *habitant*

incommodesticus, a, um • *désagréable*

incognitus, a, um • *inconnu*

industria, ae, f. • *activité*

ineo, is, ire, ii, itum • *entrer, commencer*

infelix, icis • *malheureux*

infero, fers, ferre, tuli, illatum • *porter dans*

ingens, ntis • *énorme*

injuria, ae, f. • *injustice*

inquit • *dit-il*

institor, oris, m. • *marchand, boutiquier*

instruo, is, ere, struxi, structum • *ranger*

insum, es, esse, fui • *être dans*

interrogo, as, are, avi, atum • *interroger*

intestinus, a, um • *intestine, intérieur*

ipse, a, um (G. **ipsius,** D. **ipsi)** • *en personne, lui-même…*

ira, ae, f. • *colère*

is, ea, id • *le, la ; ce*

iste, a, ud • *ce ; celui-ci*

ita • *ainsi ; tel*

itaque • *c'est pourquoi*

iter, itineris, n. • *chemin*

J

jacto, as, are, avi, atum • *jeter, balancer*

jam • *déjà, désormais*

jubeo, es, ere, jussi, jussum • *ordonner*

judex, icis, m. • *juge*

judicium, ii, n. • *procès ; tribunal*

Jugurtha, ae, m. • *Jugurtha*

jus, juris, n. • *droit*

juvencus, i, m. • *jeune taureau*

juvenis, is, m. • *jeune homme*

L

laboro, as, are, avi, atum • *travailler, peiner*

lacrima, ae, f. • *larme*

laetus, a, um • *joyeux*

laniatus, us, m. • *morsures*

lanius, ii, m. • *boucher*

lateo, es, ere, latui,– • *se cacher*

latus, a, um • *large*

laudo, as, are, avi, atum • *louer*

legatus, i, m. • *légat, ambassadeur*

legio, onis, f. • *légion*

lego, is, ere, legi, lectum • *lire*

lente • *lentement*

leo, onis, m. • *lion*

levis, e • *léger*

lex, legis, f. • *loi*

liber, a, um • *libre*

liber, bri, m. • *livre*

liberi, orum, m. pl. • *enfants*

libertas, tatis, f. • *liberté*

libertus, i, m. • *affranchi*

ligneus, a, um • *de bois*

limen, inis, n. • *seuil*

littera, ae, f. • *lettre* (de l'alphabet) ; pl. *lettre* (qu'on envoie)

litus, oris, n. • *rivage*

locus, i, m. • *lieu*

longe • *loin*

longus, a, um • *long*

luctus, us, m. • *chagrin*

Lugdunum, i, n. • *Lyon*

lux, lucis, f. • *lumière*

M

maeror, oris, m. • *tristesse*

magistratus, us, m. • *magistrat*

magnus, a, um • *grand*

major, oris (n. **majus)** • *plus grand ;*
majores • *les ancêtres*

malus, a, um • *mauvais*

maneo, es, ere, mansi, mansum • *rester*

manus, us, f. • *main*

mare, is, n. • *mer*

mater, matris, f. • *mère*

maturo, as, are, avi, atum • *se hâter*
maximus, a, um • *très grand*
melior, oris (n. **melius**) • *meilleur*
mens, mentis, f. • *esprit*
metuo, is, ere, metui, metutum • *craindre*
metus, us, m. • *crainte*
meus, a, um • *mon*
migro, as, are, avi, atum • *partir*
miles, itis, m. • *soldat*
mille, pl. **milia** • *mille*
minimus, a, um • *très petit*
minor, oris (n. **minus**) • *plus petit*
miser, a, um • *malheureux*
mitto, is, ere, misi, missum • *envoyer*
molossicus, a, um • *comme des molosses*
moneo, es, ere, ui, itum • *conseiller ;* (**ut/ne** + subj.) • *avertir que*
mons, ntis, m. • *montagne*
mors, mortis, f. • *mort*
mos, moris, m. • *usage, habitude*
multi, ae, a • *nombreux*
multus, a, um • *dense, riche*
mundus, i, m. • *monde*
munus, eris, n. • *cadeau ; fonction*
mus, muris, m. • *souris*
muto, as, are, avi, atum • *changer*

N

nam • *car*
narro, as, are, avi, atum • *raconter*
natio, onis, f. • *nation*
natura, ae, f. • *nature*
natus, i, m. • *jeune enfant, âgé de*
nauta, ae, f. • *marin*
navis, is, f. • *navire*
ne (conj.) + subj. • *que ne... pas ; pour que... ne... pas*
nec / neque • *et ... ne...pas, ni*
neco, as, are, avi, atum • *tuer*
negotior, aris, ari, atus sum • *faire du commerce*
negotium, ii, n. • *occupation, affaire*
nobilis, e • *connu, célèbre*
nescio, is, ire, ivi (ou ii), itum • *ne pas savoir*
nobilitas, atis, f. • *célébrité, noblesse*
noceo, es, ere, nocui, citum • *nuire à* (+ D.)
nolo, non vis, (non vult), nolle, nolui • *ne pas vouloir*
nomen, inis, n. • *nom*
nos • *nous*
nosco, is, ere, novi, notum • *apprendre à connaître ;* **novi** • *je connais*
noster, tra, trum • *notre*
novem • *neuf*
nubes, is, f. • *nuage*
num • *est-ce que ?*
numero, as, are, avi, atum • *compter*
numquam • *ne...jamais*
nunc • *maintenant*

O

obruo, is, ere, rui, rutum • *ensevelir*
obsum, es, esse, fui • *faire obstacle à* (+D.)
occultus, a, um • *secret*
occupo, as, are, avi, atum • *occuper*
octo • *huit*
odiosicus, a, um • *odieux*
odium, ii, n. • *haine*
officium, ii, n. • *devoir*
omnis, e • *tout*
opera, ae, f. • *travail*
oppidum, i, n. • *place forte*
optimus, a, um • *le meilleur*
opto, as, are, avi, atum (ut/ne + subj.) • *souhaiter que*
opus, eris, n. • *travail*
oratio, onis, f. • *discours*
orbis, is, m. • *cercle ; monde*
orbis terrarum • *terre*
orno, as, are, avi, atum • *orner*
oro, as, are, avi, atum (ut/ne + subj.) • *prier que*
os, oris, n. • *visage*
otium, ii, n. • *loisir*

P

parasitus, i, m. • *parasite*
parens, tis, m. f. • *père* ou *mère ;* pl. • *parents*
pareo, es, ere, parui, itum • *obéir à* (+D.)
pars, partis, f. • *partie*
paro, as, are, avi, atum • *préparer*
parumper • *pour un instant*
parvus, a, um • *petit*
pater, patris, m. • *père ;* pl. • *patriciens, sénateurs*

patronus, i, m. • *patron ; avocat*
pauci, ae, a • *peu nombreux*
paulum/ paulo • *un peu*
pauper, eris • *pauvre*
pavidus, a, um • *craintif*
pax, pacis, f. • *paix*
pecunia, ae, f. • *argent*
pejor, oris (n. **pejus**) • *pire*
per (+ Ac.) • *à travers, par*
perdo, is, ere, didi, ditum • *perdre*
pereo, is, ire, ii, itum • *périr*
perfero, fers, ferre, tuli, latum • *porter jusqu'au but*
pertineo, es, ere, tinui, tentum • *concerner*
pervenio, is, ire, veni, ventum • *arriver, parvenir*
pessimus, a, um • *le pire*
peto, is, ere, ivi (ou ii), itum • *atteindre ; demander à* (ab + Ab.) *de* (ut/ne + subj.)
Philaeni, orum, m. pl. • *Philènes*
philosophus, i, m. • *philosophe*
pila, ae, f. • *balle*
pilicrepus, i, m. • *joueur de balles*
piscina, ae, f. • *piscine, bassin*
placeo, es, ere, ui, itum (+ D.) • *plaire* (à)
plaga, ae, f. • *coup, blessure*
plebs, plebis, f. • *plèbe*
plerumque • *généralement*
plumbum, i, n. • *plomb*
poena, ae, f. • *peine, châtiment*
pono, is, ere, posui, positum • *poser, construire*
popina, ae, f. • *auberge*
populus, i, m. • *peuple*
possum, potes, posse, potui • *pouvoir*
potens, ntis • *puissant*
praeceps, cipitis • *la tête la première*
primus, a, um • *premier*
princeps, cipis, m. • *chef*
priusquam • *avant que ; plutôt que*
probo, as, are, avi, atum • *approuver*
procedo, is, ere, cessi, cessum • *s'avancer*
procul • loin ; **haud procul ab** (+ Ab.) • *non loin de*
proelium, ii, n. • *combat*
profero, fers, ferre, tuli, latum • *présenter ; différer, suspendre*
prohibeo, es, ere bui, bitum • *interdire*
propono, is, ere, posui, positum • *proposer, arborer*
propter (+ Ac.) • *à cause de*
prosum, prodes, prodesse, profui • *être utile à* (+D.)
prudens, ntis • *avisé, prudent*
puella, ae, f. • *jeune fille*
puer, pueri, m. • *enfant, jeune garçon*
pugno, as, are, avi, atum • *combattre*
pulcher, chra, chrum • *beau*
purus, a, um • *pur*
puto, as, are, avi, atum • *penser*

Q

quaeso, is, ere, ivi (ou ii) • *demander, prier*
quam • *que*
quando • *quand*
quare • *pourquoi ?*
quasi • *comme*
quattuor • *quatre*
-que • *et*
qui, quae, quod (relatif) • *qui, que, dont ...*
quia • *parce que*
quies, etis, f. • *repos*
quinque • *cinq*
quis, quae, quid/quod (interr.) • *qui ? quoi ? quel ?...*
quisquis • *quiconque*
quo ? • *où ?* (l'on va)
quod • *parce que ; que*
quoniam • *puisque*

R

rapio, is, ere, rapui, raptum • *ravir, piller*
recedo, is, ere, cessi, cessum • *s'éloigner*
recipio, is, ere, cepi, ceptum • *reprendre ; se retirer*
redeo, is, ire, ii, itum • *revenir*
refero, fers, ferre, tuli, latum • *rapporter*
regio, onis, f. • *direction ; région*
rego, is, ere, rexi, rectum • *diriger*
religio, onis, f. • *scrupule religieux*
relinquo, is, ere, reliqui, relictum • *laisser*
repeto, is, ere, ivi (ou ii) itum • *répéter*
res, rei, f. • *chose, affaire*
respondeo, es, ere, pondi, ponsum • *répondre*
respublica, reipublicae, f. • *État, république*
retineo, es, ere, tinui, tentum • *retenir*
retro • *en arrière*
revoco, as, are, avi, atum • *rappeler*
rex, regis, m. • *roi*
rhinoceros, otis, m. • *rhinocéros*

rideo, es, ere, risi, risum • *rire*
rogo, as, are, avi, atum (ut/ne) • *demander que*
Roma, ae, f. • *Rome* (locatif : **Romae**)
Romanus, a, um • *romain*
rudis, e • *neuf*
rursus • *en revanche ; à nouveau*
rus, ruris,n. • *campagne* (locatif : **ruri**)

S

saepe • *souvent*
saevus, a, um • *cruel*
salio, is, ire, ui, saltum • *sauter*
salveo, es, ere • *bien se porter*
sapiens, entis • *sage*
scelus, eris, n. • *crime*
scio, is, ire, ivi (ou ii), itum • *savoir*
Scipio, onis, m. • *Scipion*
scribo, is, ere, scripsi, scriptum • *écrire*
securus, a, um • *sûr, tranquille*
sed • *mais*
seditio, onis, f. • *révolte*
semita, ae, f. • *sentier*
semper • *toujours*
senatus, us, m. • *sénat*
senex, is, m. • *vieillard*
sentio, is, ire, sensi, sensum • *sentir ; penser*
septem • *sept*
serenus, a, um • *serein*
sermo, onis, m. • *conversation*
servitus, utis, f. • *esclavage*
servo, as, are, avi, atum • *protéger, conserver*
servus, i, m. • *esclave*
sex • *six*
sic • *ainsi ; tel*
signum, i, n. • *signal*
silva, ae, f. • *forêt*
similis, e • *semblable*
simul • *en même temps*
sisto, is ere, stiti, statum • *arrêter*
sonus, i, m. • *son, bruit*
soror, oris, f. • *sœur*
spatium, ii, n. • *espace*
species, ei, f. • *apparence*
spes, ei, f. • *espoir*
sponsa, ae, f. • *fiancée*
statim • *aussitôt*
studeo, es, ere, studui– • *s'appliquer à* (+D.)
studium, ii, n. • *goût*
suadeo, es, ere, suasi, suasum (ut/ne + subj.) • *conseiller à qqn de* (+D.)
subigo, is, ere, egi, actum • *soumettre*
successus, us, m. • *succès*
sum, es, esse, fui • *être*
sumo, is, ere, sumpsi, sumptum • *prendre*
suberbus, a, um • *orgueilleux*
supervenio, is, ire, veni, ventum • *arriver, survenir*
supra (+ Ac.) • *au-dessus*
suus, a, um • *son*

T

tabella, ae, f. • *tablette*
taberna, ae, f. • *boutique*
talis, e • *tel*
tam • *si, tellement*
tandem • *enfin*
tantum • *seulement ; tellement*
tantus, a, um • *si grand*
tarde • *lentement*
taurus, i, m. • *taureau*
telum, i, n. • *arme, lance*
tempestas, atis, f. • *tempête*
templum, i, n. • *temple*
tempus, oris, n. • *temps*
tenebrae, arum, f. pl. • *ténèbres*
teneo, es, ere, tenui, tentum • *tenir*
tenuis, e • *mince étroit*
terra, ae, f. • *terre*
theatrum, i, n. • *théâtre*
timeo, es, ere, timui, • *craindre*
tonsor, oris, m. • *barbier*
torqueo, es, ere, torsi, tortum • *tordre, torturer*
tot • *si nombreux*
tres, tria • *trois*
tristis, e • *triste*
tu • *toi*
tuba, ae, f. • *trompette*
tum • *alors*
turba, ae, f. • *foule*
turbo, as, are, avi, atum • *troubler*
tuus, a, um • *ton*

U

ubi (conj.) + ind. • *quand*
ubi (adv.) • *où ?*
ubi (relatif) • *là où*
Ulixes, is, m. • *Ulysse*
umbra, ae, f. • *ombre*
unda, ae, f. • *onde, eau*
unde ? • *d'où ?*
unus, a, um (G. **unius**, D. **uni**) • *un*
urbs, urbis, f. • *ville*
ursus, i, m. • *ours*
ut (conj.) + ind. • *quand ; comme*
ut (conj.) + subj. • *pour que ; de sorte que ; que*
uterus, i, m. • *ventre*
utinam (+ subj.) • *pourvu que ; si seulement*
uxor, oris, f. • *épouse, femme*

V

vado, is, ere • *aller*
valeo, es, ere, ui, itum • *bien se porter*
vale, valete • *adieu !*
varius, a, um • *varié*
vasto, as, are, avi, atum • *dévaster, détruire*
veho, is, ere, vexi, vectum • *porter*
velox, ocis • *rapide*
velum, i, n. • *voile*
venaticus, a, um • *de chasse*
venatio, onis, f. • *chasse*
venator, oris, m. • *chasseur*
venio, is, ire, veni, ventum • *venir*
ventus, i, m. • *vent*
verbero, as, are, avi, atum • *frapper, battre*
verbum, i, n. • *mot*
vero • *mais*
verum • *c'est sûr, mais*
vester, tra, trum • *votre*
veto, as, are, vetui, vetitum • *interdire*
vetus, eris • *vieux*
vexillum, i, n. • *étendard*
via, ae, f. • *voie, rue*
vicinus, i, m. • *voisin*
victoria, ae, f. • *victoire*
vicus, i, m. • *rue, quartier*
video, es, ere, vidi, visum • *voir*
vilis, e • *sans valeur, bas*
villa, ae, f. • *ferme*
vinco, is ere, vici, victum • *vaincre*
vinum, i, n. • *vin*
vir, viri, m. • *homme, mari*
viridis, e • *tendre, jeune*
virtus, utis, f. • *courage, mérite*
vita, ae, f. • *vie*
vito, as, are, avi, atum • *éviter*
vivo, is, ere, vixi, victum • *vivre*
vivus, a, um • *vivant*
volo, as, are, avi, atum • *voler*
volo, vis, (vult), velle, volui, • *vouloir*
vos • *vous*
vox, vocis, f. • *voix*
vultus, us, m. • *visage*

A

affaire • res, rei, f.
aimer • amo, as, are, avi, atum
ainsi • ita
aller • eo, is, ire, ivi (ou ii), itum
alourdi • gravis, e
ami • amicus, i, m.
amitié • amicitia, ae, f.
appeler (s') • nomen esse (+D.)
approuver • probo, as, are, avi, atum
argent • pecunia, ae, f. ; argentum, i, n.
armes • arma, orum, n. pl.
arriver • pervenio, is, ire, veni, ventum
autel • ara, ae, f.
autre • alius, a, ud
avec • cum + Ab.
avoir • habeo, es, ere, habui, habitum

B

bain • balneum, i, n.
balle • pila, ae, f.
bas • vilis, e
battre (se) • pugno, as, are, avi, atum
bête (sauvage) • fera, ae, f.
boire • bibo, is, ere, bibi
bruit • sonus, i, m.

C

Carthage • Carthago, inis, f.
céder • cedo, is, ere, cessi, cessum (+D.)
cent • centum
champion • fortior, ioris
chef • dux, ducis, m.
chemin • iter, itineris, n.
chose • res, rei, f.
cinq • quinque
cirque • circus, i, m.
cité • civitas, atis, f.
client • cliens, ntis, m.
compter • numero, as, are, avi, atum
condition • condicio, onis, f.
conduire • duco, is, ere, duxi, ductum
coup • plaga, ae, f.
courage • virtus, utis, f.
courir • curro, is, ere, cucurri, cursum
craindre • timeo, es, ere, timui

D

dans • in (+ Ab.) : où l'on est ; in (+ Ac.) : où l'on va
demander (à) • peto, is, ere, petivi (ou ii), itum (ab + Ab.)
dent • dens, ntis, m.
dessus • supra (+ Ac.)
deux • duo, ae, o
devant • pro (+ Ab.)
devoir • officium, ii, n.
dîner • cena, ae, f.
dix • decem
donner • do, das, dare, dedi, datum

E

émettre • emitto, is, ere, misi, missum
encore • etiam
ennemi • hostis, is, m.
énorme • ingens, ntis
entendre • audio, is, ire, ivi, itum
enterrer • obruo, is, ere, rui, rutum
envoyer • mitto, is, ere, misi, missum
esclave • servus, i, m. ; mancipium, ii, n.
esprit • mens, mentis, f.
estimer • aestimo, as, are, avi, atum
et • et ; -que
être • sum, es, esse, fui
exercer • exerceo, es, ere, cui, itum ; ***s'exercer*** • exerceor

F

ferme • villa, ae, f.
fève • faba, ae, f.
frère • frater, tris, m.

G

gardien • custos, odis, m.
gémissement • gemitus, us, m.
genre • genus, eris, n.
guerre • bellum, i, n.

H

habiter • habito, as, are, avi, atum
hâter (se) • maturo, as, are ; propero, as, are (+ inf.)
homme • homo, inis, m. *(espèce humaine)* ; vir, viri, m. *(mari)*
huit • octo

I

intention • consilium, ii, n.

J

joueur de balles • pilicrepus, i, m.
juste • ipse, a, um

L

labourer • aro, as, are, avi, atum
lancer • jacto, as, are, avi, atum
lard • lardum, i, n.
lettre • littera, ae, f. *(de l'alphabet)* ; litterae, arum, f. pl. *(qu'on envoie)*
lieu • locus, i, m.
lion • leo, onis, m.
louer • laudo, as, are, avi, atum

M

main • manus, manus, f.
mener • ago, is, ere, egi, actum
mer • mare, is, n.
mille • mille
moi • ego, me,...

N

neuf • rudis, e ; novus, a, um
neuf • novem
nourriture • cibus, i, m.

O

ou • aut ; vel

P

parent • parens, ntis, m.
parfum • seplasium, ii, n.
patriciens • patres, um, m.pl.
patron • patronus, i, m.
peuple • populus, i, m. ; plebs, plebis, f.
Philènes • Philaeni, orum, m. pl.
piscine • piscina, ae, f.
plèbe • plebs, plebis, f.
plomb • plumbum, i, n.
pour • pro (+ Ab.)
pouvoir • possum, potes, posse, potui
prendre • sumo, is, ere, sumpsi, sumptum
préparer • paro, as, are, avi, atum

Q

quand • cum, quando, ubi
quatre • quattuor

R

recevoir • accipio, is, ere, cepi, ceptum
reconnaissance • gratia, ae, f.
rire • rideo, es, ere, risi, risum

S

sauter • salio, is, ire, salui, saltum
Sénèque • Seneca, ae, m.
sept • septem
six • sex
soldat • miles, itis, m.

T

tendre • viridis, e
tout • omnis, e
travailler • laboro, as, are, avi, atum
trois • tres, tria

U

un • unus, a, um (G. unius ; D. uni)

V

vaincre • vinco, is, ere, vici, victum
venir • venio, is, ire, veni, ventum
vers • ad (+ Ac.)
vie • vita, ae, f.
ville • urbs, is, f.
vin • vinum, i, n.
vivant • vivus, a, um
voie • via, ae, f.
voir • video, es, ere, vidi, visum
voix • vox, vocis, f.

les noms

1re déclinaison

	singulier		pluriel
N.	via	N.	viae
V.	via	V.	viae
Ac.	viam	Ac.	vias
G.	viae	G.	viarum
D.	viae	D.	viis
Ab.	via	Ab.	viis

2e déclinaison

	singulier	pluriel		singulier	pluriel		singulier	pluriel
	masculin			masculin			neutre	
N.	dominus	domini	N.	ager	agri	N.	templum	templa
V.	domine	domini	V.	ager	agri	V.	templum	templa
Ac.	dominum	dominos	Ac.	agrum	agros	Ac.	templum	templa
G.	domini	dominorum	G.	agri	agrorum	G.	templi	templorum
D.	domino	dominis	D.	agro	agris	D.	templo	templis
Ab.	domino	dominis	Ab.	agro	agris	Ab.	templo	templis

3e déclinaison

Les radicaux à consonne — Les radicaux à voyelle «i»

	singulier	pluriel		singulier	pluriel		singulier	pluriel		singulier	pluriel
	masc./fém.			neutre			masc./fém.			neutre	
N.	consul	consules	N.	corpus	corpora	N.	civis	cives	N.	mare	maria
V.	consul	consules	V.	corpus	corpora	V.	civis	cives	V.	mare	maria
Ac.	consulem	consules	Ac.	corpus	corpora	Ac.	civem	cives	Ac.	mare	maria
G.	consulis	consulum	G.	corporis	corporum	G.	civis	civium	G.	maris	marium
D.	consuli	consulibus	D.	corporis	corporibus	D.	civi	civibus	D.	mari	maribus
Ab.	consule	consulibus	Ab.	corpore	corporibus	Ab.	cive	civibus	Ab.	mari	maribus

4e déclinaison

	singulier	pluriel		singulier	pluriel
N.	manus	manus	N.	domus	domus
V.	manus	manus	V.	domus	domus
Ac.	manum	manus	Ac.	domum	domus (ou domos)
G.	manus	manuum	G.	domus	domuum (ou domorum)
D.	manui	manibus	D.	domui	domibus
Ab.	manu	manibus	Ab.	domo	domibus

5e déclinaison

	singulier	pluriel
N.	res	res
V.	res	res
Ac.	rem	res
G.	rei	rerum
D.	rei	rebus
Ab.	re	rebus

domus, us, f. : *maison*
emprunte certaines formes à la 2e déclinaison
Manus et **domus** tous deux du féminin sont les noms les plus employés de la 4e déclinaison.
Mais les autres noms en **-us** de la 4e déclinaison sont masculins.

les adjectifs

1re classe

Type bonus

	singulier masculin	féminin	neutre		*pluriel* masculin	féminin	neutre
N.	bonus	bona	bonum	N.	boni	bonae	bona
V.	bone	bona	bonum	V.	boni	bonae	bona
Ac.	bonum	bonam	bonum	Ac.	bonos	bonas	bona
G.	boni	bonae	boni	G.	bonorum	bonarum	bonorum
D.	bono	bonae	bono	D.	bonis	bonis	bonis
Ab.	bono	bona	bono	Ab.	bonis	bonis	bonis

2e classe

Type omnis

	singulier masc./fém.	neutre		*pluriel* masc./fém.	neutre
N/V.	omnis	omne	N/V.	omnes	omnia
Ac.	omnem	omne	Ac.	omnes	omnia
G.	omnis	omnis	G.	omnium	omnium
D.	omni	omni	D.	omnibus	omnibus
Ab.	omni	omni	Ab.	omnibus	omnibus

Type prudens

	singulier masc./fém.	neutre		*pluriel* masc./fém.	neutre
N/V.	prudens	prudens	N/V.	prudentes	prudentia
Ac.	prudentem	prudens	Ac.	prudentes	prudentia
G.	prudentis	prudentis	G.	prudentium	prudentium
D.	prudenti	prudenti	D.	prudentibus	prudentibus
Ab.	prudenti/e	prudenti	Ab.	prudentibus	prudentibus

Type vetus (et comparatifs)

	singulier masc./fém.	neutre		*pluriel* masc./fém.	neutre
N/V.	vetus	vetus	N/V.	veteres	vetera
Ac.	veterem	vetus	Ac.	veteres	vetera
G.	veteris	veteris	G.	veterum	veterum
D.	veteri	veteri	D.	veteribus	veteribus
Ab.	vetere	vetere	Ab.	veteribus	veteribus

Pronom relatif

	singulier masc.	fém.	neutre		*pluriel* masc.	fém.	neutre
N.	qui	quae	quod	N.	qui	quae	quae
Ac.	quem	quam	quod	Ac.	quos	quas	quae
G.	cujus	cujus	cujus	G.	quorum	quarum	quorum
D.	cui	cui	cui	D.	quibus	quibus	quibus
Ab.	quo	qua	quo	Ab.	quibus	quibus	quibus

Pronom interrogatif

	singulier masc.	fém.	neutre		*pluriel* masc.	fém.	neutre
N.	quis	quae	quid	N.	qui	quae	quae
Ac.	quem	quam	quid	Ac.	quos	quas	quae
G.	cujus	cujus	cujus	G.	quorum	quarum	quorum
D.	cui	cui	cui	D.	quibus	quibus	quibus
Ab.	quo	qua	quo	Ab.	quibus	quibus	quibus

Pronoms personnels

	1re pers. sing.	*2e pers. sing.*		*1re pers. plur.*	*2e pers. plur.*		*Réfléchi*
N.	ego	tu	N.	nos	vos		
Ac.	me	te	Ac.	nos	vos	Ac.	se
G.	mei	tui	G.	nostrum	vestrum	G.	sui
D.	mihi	tibi	D.	nobis	vobis	D.	sibi
Ab.	me	te	Ab.	nobis	vobis	Ab.	se

Pronom-adjectif is, ea, id

	singulier masc.	fém.	neutre		*pluriel* masc.	fém.	neutre
N.	is	ea	id	N.	ei (ii)	eae	ea
Ac.	eum	eam	id	Ac.	eos	eas	ea
G.	ejus	ejus	ejus	G.	eorum	earum	eorum
D.	ei	ei	ei	D.	eis (iis)	eis (iis)	eis (iis)
Ab.	eo	ea	eo	Ab.	eis (iis)	eis (iis)	eis (iis)

Pronoms adjectifs démonstratifs hic

	singulier masc.	fém.	neutre		*pluriel* masc.	fém.	neutre
N.	hic	haec	hoc	N.	hi	hae	haec
Ac.	hunc	hanc	hoc	Ac.	hos	has	haec
G.	hujus	hujus	hujus	G.	horum	harum	horum
D.	huic	huic	huic	D.	his	his	his
Ab.	hoc	hac	hoc	Ab.	his	his	his

Iste

	singulier masc.	singulier fém.	singulier neutre	pluriel masc.	pluriel fém.	pluriel neutre
N.	iste	ista	istud	isti	istae	ista
Ac.	istum	istam	istud	istos	istas	ista
G.	istius	istius	istius	istorum	istarum	istorum
D.	isti	isti	isti	istis	istis	istis
Ab.	isto	ista	isto	istis	istis	istis

Ille

	singulier masc.	singulier fém.	singulier neutre	pluriel masc.	pluriel fém.	pluriel neutre
N.	ille	illa	illud	illi	illae	illa
Ac.	illum	illam	illud	illos	illas	illa
G.	illius	illius	illius	illorum	illarum	illorum
D.	illi	illi	illi	illis	illis	illis
Ab.	illo	illa	illo	illis	illis	illis

Ipse

	singulier masc.	singulier fém.	singulier neutre	pluriel masc.	pluriel fém.	pluriel neutre
N.	ipse	ipsa	ipsum	ipsi	ipsae	ipsa
Ac.	ipsum	ipsam	ipsum	ipsos	ipsas	ipsa
G.	ipsius	ipsius	ipsius	ipsorum	ipsarum	ipsorum
D.	ipsi	ipsi	ipsi	ipsis	ipsis	ipsis
Ab.	ipso	ipsa	ipso	ipsis	ipsis	ipsis

Idem

	singulier masc.	singulier fém.	singulier neutre	pluriel masc.	pluriel fém.	pluriel neutre
N.	idem	eadem	idem	eidem (iidem)	eaedem	eadem
Ac.	eumdem	eamdem	idem	eosdem	easdem	eadem
G.	ejusdem	ejusdem	ejusdem	eorumdem	earumdem	eorumdem
D.	eidem	eidem	eidem	eisdem (iisdem)	eisdem	eisdem
Ab.	eodem	eadem	eodem	eisdem	eisdem	eisdem

Nemo - Nihil

N.	nemo	nihil
Ac.	neminem	nihil
G.	(nullius)	(nullius rei)
D.	nemini	(nulli rei)
Ab.	(nullo)	(nulla re)

Nullus - Alter

	singulier masc.	singulier fém.	singulier neutre	pluriel masc.	pluriel fém.	pluriel neutre
N.	nullus	nulla	nullum	alter	altera	alterum
Ac.	nullum	nullam	nullum	alterum	alteram	alterum
G.	nullius	nullius	nullius	alterius	alterius	alterius
D.	nulli	nulli	nulli	alteri	alteri	alteri
Ab.	nullo	nulla	nullo	altero	altera	altero

Les nombres

	cardinaux	chiffres romains		ordinaux
1	unus, a um	I	1er	primus, a, um [1]
2	duo, duae, duo	II	2e	secundus, a, um [1]
3	tres, tres, tria	III	3e	tertius, a, um
4	quattuor	IV	4e	quartus, a, um
5	quinque	V	5e	quintus, a, um
6	sex	VI	6e	sextus, a, um
7	septem	VII	7e	septimus, a, um
8	octo	VIII	8e	octavus, a, um
9	novem	IX	9e	nonus, a, um
10	**decem**	**X**	**10e**	**decimus, a, um**
11	undecim	XI	11e	undecimus, a, um
12	duodecim	XII	12e	duodecimus, a, um
13	tredecim	XIII	13e	tertius decimus...
14	quattuordecim	XIV	14e	quartus decimus
15	quindecim	XV	15e	quintus decimus
16	sedecim	XVI	16e	sextus decimus
17	septemdecim	XVII	17e	septimus decimus
18	duodeviginti	XVIII	18e	duodevicesimus...
19	undeviginti	XIX	19e	undevicesimus...
20	**viginti**	**XX**	**20e**	**vicesimus, a, um**
30	triginta	XXX	30e	tricesimus
40	quadraginta	XL	40e	quadragesimus...
50	quinquaginta	L	50e	quinquagesimus...
60	sexaginta	LX	60e	sexagesimus...
70	septuaginta	LXX	70e	septuagesimus...
80	octoginta	LXXX	80e	octogesimus...
90	nonaginta	XC	90e	nonagesimus...
100	**centum**	**C**	**100e**	**centesimus, a, um**
200	ducenti, ae, a	CC	200e	ducentesimus...
300	trecenti, ae, a	CCC	300e	trecentesimus...
400	quadringenti, ae, a	CD	400e	quadringentesimus...
500	quingenti, ae, a	D	500e	quingentesimus...
600	sescenti, ae, a	DC	600e	sescentesimus...
700	septingenti, ae, a	DCC	700e	septingentesimus...
800	octingenti, ae, a	DCCC	800e	octingentesimus...
900	nongenti, ae, a	CM	900e	nongentesimus...
1 000	**mille**	**M**	**1 000e**	**millesimus, a, um**
2 000	duo milia	MM	2 000e	bis millesimus...
3 000	tria milia	MMM	3 000e	ter millesimus...

1. Pour 2 personnes ou 2 choses : 1er **prior, prius**
2e **alter, altera, alterum**

Les adjectifs numéraux

	masc.	fém.	neutre		masc.	fém.	neutre		masc./fém.	neutre
N.	unus	una	unum	N.	duo	duae	duo	N.	tres	tria
Ac.	unum	unam	unum	Ac.	duo(s)	duas	duo	Ac.	tres	tria
G.	unius	unius	unius	G.	duorum	duarum	duorum	G.	trium	trium
D.	uni	uni	uni	D.	duobus	duabus	duobus	D.	tribus	tribus
Ab.	uno	una	uno	Ab.	duobus	duabus	duobus	Ab.	tribus	tribus

INFECTUM ACTIF

INDICATIF

	1re conj.	2e conj.	3e conj.	3e mixte	4e conj.
Présent	amo	moneo	duco	capio	audio
	amas	mones	ducis	capis	audis
	amat	monet	ducit	capit	audit
	amamus	monemus	ducimus	capimus	audimus
	amatis	monetis	ducitis	capitis	auditis
	amant	monent	ducunt	capiunt	audiunt
Imparfait	amabam	monebam	ducebam	capiebam	audiebam
	amabas	monebas	ducebas	capiebas	audiebas
	amabat	monebat	ducebat	capiebat	audiebat
	amabamus	monebamus	ducebamus	capiebamus	audiebamus
	amabatis	monebatis	ducebatis	capiebatis	audiebatis
	amabant	monebant	ducebant	capiebant	audiebant
Futur	amabo	monebo	ducam	capiam	audiam
	amabis	monebis	duces	capies	audies
	amabit	monebit	ducet	capiet	audiet
	amabimus	monebimus	decemus	capiemus	audiemus
	amabitis	monebitis	ducetis	capietis	audietis
	amabunt	monebunt	ducent	capient	audient

SUBJONCTIF

Présent	amem	moneam	ducam	capiam	audiam
	ames	moneas	ducas	capias	audias
	amet	moneat	ducat	capiat	audiat
	amemus	moneamus	ducamus	capiamus	audiamus
	ametis	moneatis	ducatis	capiatis	audiatis
	ament	moneant	ducant	capiant	audiant
Imparfait	amarem	monerem	ducerem	caperem	audirem
	amares	moneres	duceres	caperes	audires
	amaret	moneret	duceret	caperet	audiret
	amaremus	moneremus	duceremus	caperemus	audiremus
	amaretis	moneretis	duceretis	caperetis	audiretis
	amarent	monerent	ducerent	caperent	audirent

INFINITIF

Présent	amare	monere	ducere	capere	audire

PARTICIPE

Présent	amans	monens	ducens	capiens	audiens
	amantis	monentis	ducentis	capientis	audientis

IMPÉRATIF

Présent	ama	mone	duc (irrégulier)	cape	audi
	amate	monete	ducite	capite	audite

Perfectum actif

	Indicatif		Subjonctif	Infinitif
Parfait	Plus-que-parfait	Futur antérieur	Plus-que-parfait	
amavi	amaveram	amavero	amavissem	amavisse
amavisti	amaveras	amaveris	amavisses	
amavit	amaverat	amaverit	amavisset	
amavimus	amaveramus	amaverimus	amavissemus	
amavistis	amaveratis	amaveritis	amavissetis	
amaverunt	amaverant	amaverint	amavissent	

Infectum passif

Indicatif

	1re conj.	*2e conj.*	*3e conj.*	*3e mixte*	*4e conj.*
	amor	moneor	ducor	capior	audior
	amaris	moneris	duceris	caperis	audiris
Présent	amatur	monetur	ducitur	capitur	auditur
	amamur	monemur	ducimur	capimur	audimur
	amamini	monemini	ducimini	capimini	audimini
	amantur	monentur	ducuntur	capiuntur	audiuntur
	amabar	monebar	ducebar	capiebar	audiebar
	amabaris	monebaris	ducebaris	capiebaris	audiebaris
Imparfait	amabatur	monebatur	ducebatur	capiebatur	audiebatur
	amabamur	monebamur	ducebamur	capiebamur	audiebamur
	amabamini	monebamini	ducebamini	capiebamini	audiebamini
	amabantur	monebantur	ducebantur	capiebantur	audiebantur
	amabor	monebor	ducar	capiar	audiar
	amaberis	moneberis	duceris	capieris	audieris
Futur	amabitur	monebitur	ducetur	capietur	audietur
	amabimur	monebimur	ducemur	capiemur	audiemur
	amabimini	monebimini	ducemini	capiemini	audiemini
	amabuntur	monebuntur	ducentur	capientur	audientur

Subjonctif

	amer	monear	ducar	capiar	audiar
	ameris	monearis	ducaris	capiaris	audiaris
Présent	ametur	moneatur	ducatur	capiatur	audiatur
	amemur	moneamur	ducamur	capiamur	audiamur
	amemini	moneamini	ducamini	capiamini	audiamini
	amentur	moneantur	ducantur	capiantur	audiantur
	amarer	monerer	ducerer	caperer	audirer
	amareris	monereris	ducereris	capereris	audireris
Imparfait	amaretur	moneretur	duceretur	caperetur	audiretur
	amaremur	moneremur	duceremur	caperemur	audiremur
	amaremini	moneremini	duceremini	caperemini	audiremini
	amarentur	monerentur	ducerentur	caperentur	audirentur

Infinitif

Présent	amari	moneri	duci	capi	audiri

Perfectum passif

	Indicatif			Subjonctif	Infinitif
	Parfait	Plus-que-parfait	Futur antérieur	Plus-que-parfait	
	amatus, a, um...	amatus, a, um...	amatus, a, um...	amatus, a, um...	amatus, a, um...
	sum	eram	ero	essem	esse
	es	eras	eris	esses	
	est	erat	erit	esset	
	amati, ae, a...	amati, ae, a...	amati, ae, a...	amati, ae, a...	
	sumus	eramus	erimus	essemus	
	estis	eratis	eritis	essetis	
	sunt	erant	erunt	essent	

sum

Infectum

	Indicatif	Subjonctif
Présent	sum	sim
	es	sis
	est	sit
	sumus	simus
	estis	sitis
	sunt	sint
Imparfait	eram	essem
	eras	esses
	erat	esset
	eramus	essemus
	eratis	essetis
	erant	essent
Futur	ero	
	eris	
	erit	
	erimus	
	eritis	
	erunt	
Impératif	es	
	este	
Infinitif présent	esse	

Perfectum

	Indicatif	Subjonctif
Parfait	fui	
	fuisti	
	fuit	
	fuimus	
	fuistis	
	fuerunt	
Plus-que-parfait	fueram	fuissem
	fueras	fuisses
	fuerat	fuisset
	fueramus	fuissemus
	fueratis	fuissetis
	fuerant	fuissent
Futur antérieur	fuero	
	fueris	
	fuerit	
	fuerimus	
	fueritis	
	fuerint	
Infinitif parfait	fuisse	

possum

	Indicatif		Subjonctif		Infinitif
Présent	possum	possumus	possim	possimus	posse
	potes	potestis	possis	possitis	
	potest	possunt	possit	possint	
Imparfait	poteram ...				
Futur	potero ...				

EO

	Indicatif	Subjonctif	Impératif	Infinitif	Participe
Présent	eo	eam		ire	iens, euntis
	is	eas	i		
	it	eat			
	imus	eamus			
	itis	eatis	ite		
	eunt	eant			
Imparfait	ibam …				
Futur	ibo …				

VOLO, NOLO

	Indicatif		Subjonctif		Impératif
Présent	volo	nolo	velim	nolim	noli
	vis	non vis	velis	nolis	
	vult	non vult	velit	nolit	
	volumus	nolumus	velimus	nolimus	
	vultis	non vultis	velitis	nolitis	nolite
	volunt	nolunt	velint	nolint	
Imparfait	volebam	nolebam	vellem	nollem	
	…	…	velles	nolles	
	…	…	…	…	
Futur	volam	nolam			
	voles	noles			
	…	…			

Infinitif présent	velle	nolle
Participe présent	volens volentis	nolens nolentis

FERO

	Indicatif		Subjonctif		Impératif	Infinitif	
	Actif	Passif	Actif	Passif		Actif	Passif
Présent	fero	feror	feram	ferar		ferre	ferri
	fers	ferris	feras	feraris	fer		
	fert	fertur	ferat	feratur			
	ferimus	ferimur	feramus	feramur			
	fertis	ferimini	feratis	feramini	ferte		
	ferunt	ferunmur	ferant	ferantur			
Imparfait	ferebam	ferebar …	ferrem …	ferrer …			
Futur	feram …	ferar …					
Participe présent actif	ferens, ntis						

Index des auteurs latins cités

AMMIEN MARCELLIN (p. 42)
AMMIANUS MARCELLINUS
(IVe s. ap. J.-C.)
Historien.

AULU-GELLE (p. 74)
A. GELLIUS
(IIe s. ap. J.-C.)
Grammairien, auteur d'un recueil d'anecdotes érudites, *Les Nuits attiques*.

CATON (p. 78)
M. PORCIUS CATO
(234-149 av. J.-C.)
Appelé Caton l'Ancien ou le Censeur. Célèbre homme politique romain, qui lutta contre les influences grecques.

CÉSAR (p. 64)
C. JULIUS CAESAR
(101/100-44 av. J.-C.)
Il a conquis la Gaule et a voulu s'emparer du pouvoir à Rome ; il est mort assassiné par Brutus, son fils adoptif.

CICÉRON (pp. 100, 151)
M. TULLIUS CICERO
(106-43 av. J.-C.)
Le plus grand orateur romain ; il fut aussi un homme politique qui, un temps, s'opposa à César.

HORACE (p. 79)
Q. HORATIUS FLACCUS
(65-8 av. J.-C.)
Poète latin, ami de Mécène.

JUVÉNAL (p. 90)
D. JUNIUS JUVENALIS
(env. 60-127 av. J.-C.)
Il critique violemment la société de son temps dans ses *Satires*.

MARTIAL (pp. 12, 34)
M. VALERIUS MARTIALIS
(Ier s. ap. J.-C.)
Poète latin célèbre pour ses *Épigrammes*.

OVIDE (pp. 162, 178)
P. OVIDIUS NASO
(43 av. – 18 ap. J.-C.)
Poète latin, auteur des *Métamorphoses* et de *l'Art d'aimer*. Il est exilé, à la fin de sa vie, par l'empereur Auguste.

PÉTRONE (p. 156)
PETRONIUS ARBITER
(après Néron)
Auteur du *Satiricon*, roman en vers et en prose qui raconte les aventures truculentes d'un jeune homme.

PLAUTE (pp. 48, 54, 84)
T. MACCIUS PLAUTUS
(254 184 av. J.-C.)
Auteur de comédies qui inspira Molière.

PLINE L'ANCIEN (pp. 78, 176)
C. PLINIUS SECUNDUS
(?-79 av. J.-C.)
Auteur d'une vaste encyclopédie, *l'Histoire naturelle*. Il mourut, en 79 ap. J.-C., durant l'éruption du Vésuve.

QUINTE-CURCE (p. 106)
Q. CURTIUS RUFUS
(Ier s. ap. J.-C.)
Historien romain, qui écrivit une *Histoire d'Alexandre*.

QUINTILIEN (p. 94)
M. FABIUS QUINTILIANUS
(Ier s. ap. J.-C.)
Célèbre professeur de rhétorique ; il fut aussi avocat.

SALLUSTE (pp. 68, 120, 136)
C. SALLUSTIUS CRISPUS
(86-34 av. J.-C.)
Historien romain, auteur de la *Guerre de Jugurtha*.

SÉNÈQUE (pp. 18, 88)
L. ANNAEUS SENECA
(v. 1 av. J.-C. – 65 ap. J.-C.)
Homme politique et philosophe, il a été le précepteur de Néron et un auteur de tragédies.

TACITE (p. 142)
P. CORNELIUS TACITUS
(env. 57 - 117 ap. J.-C.)
Historien latin qui s'intéressa plus particulièrement aux premiers empereurs, ainsi qu'aux peuples germains et bretons.

TITE-LIVE (pp. 28, 70, 78, 126, 150)
T. LIVIUS
(env. 59 av. J.-C. - 17 ap. J.-C.)
Grand historien latin, auteur d'un colossal ouvrage (142 livres) sur l'histoire de Rome.

VALÈRE MAXIME (p. 58)
M. VALERIUS MAXIMUS
(sous Tibère)
Historien latin, auteur des *Faits et dits mémorables*.

VARRON (p. 80)
M. TERENTIUS VARRO
(116 - 27 av. J.-C.)
Philosophe, poète et grammairien.
De son œuvre immense (plus de 600 volumes), seul son *Traité sur l'agriculture* nous est parvenu complet.

Crédits photographiques

p. 11 : © Bridgeman/Giraudon – **p. 12** : © Lauros-Giraudon – **p. 13** : © Peter Connoly/AKG Paris – **p. 16** : © Artephot/R. Percheron – **p. 17** : © Scala – **p. 18** : © AKG Paris – **p. 19** :© Keith Collie/AKG Paris – **p. 23** : (g) © AKG photo/Paris ; (d) © Artephot/Nimatallah – **p. 25** : © Scala - **p. 27** : © comptoire général financier – **p. 28** : © G. Dagli Orti – **p. 29** : © Scala – **p. 32** : © comptoire général financier – **p. 33** : © Fratelli/Alinari **p. 34** : © Alinari Bridgeman Giraudon – **p. 35** : © G. Dagli Orti – **p. 38** : © RMN – **p. 39** : (h) © G. Dagli Orti ; (b) © G. Dagli Orti – **p. 40** : © Scala – **p. 42** : © G. Dagli Orti – **p. 43** : © Giraudon – **p. 44** : © Collection Christophe L. – **p. 45** : © G. Dagli Orti - **p. 47** : © RMN/Hervé Lewandowski – **p. 48** : © The Bridgeman Art Library – **p. 49** : © Erich Lessing/AKG Paris – **p. 52** : © Gilles Mermet/AKG Paris – **p. 53** : (h) © Gilles Mermet/AKG Paris ; (b) © G. Dagli Orti – **p. 54** : © G. Dagli Orti – **p. 55** : © G. Dagli Orti – **p. 58** : © AKG Paris – **p. 59** : (g) © Scala ; (d) © G. Dagli Orti – **p. 60** : © Lauros Giraudon – **p. 61** : Artephot/Nimatallah - **p. 63** : © G. Dagli Orti – **p. 64** : © G. Dagli Orti – **p. 65** : Pirozzi /AKG Paris – **p. 68** : © Alfredo/ G. Dagli Orti – **p. 69** : (g) © G. Dagli Orti ; (d) Artephot/Nimatallah – **p. 70** : © Artephot/Nimatallah – **p. 71** : © G. Dagli Orti – **p. 74** : © AKG Paris – **p. 75** : (g) © The Bridgeman Art Library ; (d) © Fabbri/Artephot – **p. 78** : G. Dagli Orti – **p. 79** : G. Dagli Orti – **p. 80** : © Colorise/Cartier – **p. 81 : ©** G. Dagli Orti – **p. 83** : © Artephot/BNF – **p. 84** : © G. Dagli Orti – **p. 85** : © Artephot/ PAF – **p. 88** : © AKG Paris – **p. 89** : (g) © G. Dagli Orti ; (d) © G. Dagli Orti – **p. 90** : © AKG Photo – **p. 91** : © Gilles Mermet/ AKG Paris – **p. 94** : (g) © Fratelli Alinari ; (d) © Artephot/Nimatallah – **p. 95** : (h) © Erich Lessing/AKG Paris ; (g) © T. Lafranchis /Artephot ; (b) © Erich Lessing/AKG Paris – **p. 96** : © AKG Paris – **p. 97** : © BPK - **p. 99** : © Artephot/Pedicini – **p. 100** : © Erich Lessing/AKG Paris - **p. 101** : © AKG Photo Paris – **p. 104** : © La découverte – **p. 105** : (h) © Erich Lessing/AKG Paris ; (b) © Artephot/Nimatallah – **p. 106** : © Artephot/Nimatallah – **p. 107** : © Roland et Sabrina Michaud – **p. 110** : **©** Artephot/Oronoz – **p. 111** : © Artephot/Nimatallah – **p. 112** : © AKG Paris – **p. 117** : © Erich Lessing/AKG Paris - **p. 120** : © Marie-Claire Bordaz – **p. 121** : © Renaudeau/Hoaqui – **p. 124** : © Jean-Loup Charmet – **p. 125** : (g) © Erich Lessing/AKG Paris ; (d) © Erich Lessing/AKG Paris ; (b) © Artephot/M. d'Heilly – **p. 126** : © Scala – **p. 127** : © Scala – **p. 130** : © Scala – **p. 131** : (d) © Artephot/J.-C. Varga ; (b) © Magnum/Lessing – **p. 132** : © Scala – **p. 133** : (1) © Giraudon ; (2) © Artephot/A. Held ; (3) © Dagli Orti ; (4) Artephot/Ili – **p. 135** : © Arnaud Carpentier/D.R. – **p. 136** : © AKG Photo – **p. 137** : © AKG Paris – **p. 141** : (h) © Scala ; (b) © Artephot/Silvio Fiore – **p. 142** : © RMN/Loïc Hamon – **p. 143** : © G. Dagli Orti – **p. 146** : © G. Dagli Orti – **p. 147** : (g) © AKG Paris ; (h) © AKG Paris/Werner Forman ; (b) © AKG Paris/Werner Forman – **p. 148** : © Erich Lessing/AKG Paris – **p. 149** : © P. Jantet/ Hoaqui – **p. 151** : © Erich Lessing/AKG Paris – **p. 152 :** © Giraudon – **p. 153 :** © Guido Alberto Rossi – **p. 155** : © Erich Lessing/AKG Paris - **p. 156** : © Artephot/Fabbri – **p. 157** : © Artephot/Oronoz – **p. 161** : (g) © Gilles Mermet/AKG Paris ; (d) © Artephot/Nimatallah – **p. 162** : © CRDP Reims/Ashmoleum Museum – **p. 163** : © Scala – **p. 166** : © Fratelli/Alinari Giraudon – **p. 167** : (h) © Scala ; (b) © Scala – **p. 169** : © Artephot/A. Held – **p. 171** : © G. Dagli Orti – **p. 172** : © Jean Louis Nou/AKG Paris – **p. 173** : © Jean Louis Nou/AKG Paris – **p. 176** : RMN/Thierry Ollivier – **p. 177** : (h) © Erich Lessing/AKG Paris ; (b) © Jean Louis Nou/AKG Paris – **p. 178** : © Artephot/Cercle d'art – **p. 179** : © G. Dagli Orti – **p. 182** : © AKG Paris – **p. 183** : (g) © G. Dagli Orti ; (d) © G. Dagli Orti – **p. 185** : (1) © Jean Louis Nou/AKG Paris ; (2) © Artephot/Cercle d'art – **p. 186** : © Bridgeman Art Library

Couverture, conception graphique et maquette : Laurent Romano
Photogravure : Point Carré
Coordination éditoriale : Virginie Aujay
Documentation iconographique : Maryvonne Bouraoui
Illustrations : Mickaël Monin
Cartographie : Nathalie Cottrel, Valérie Goncalves, Christel Parolini
Relecture : Lucie Martinet

N° d'éditeur : 2010/476
Dépot legal 1re édition : avril 2002
Achevé d'imprimer en août 2010 par Canale en Italie